U0877369

文化自信，从阅读开始

"百部好书"扶持项目
GUANGDONG PUBLISHING

文化自信与中国现当代文学·中学生读本

此日中流自在行

杨汤琛　王　惠◎主编

青少年
品质阅读精选
语言·思维
审美·文化

广东高等教育出版社
Guangdong Higher Education Press
·广州·

图书在版编目（CIP）数据

此日中流自在行/杨汤琛，王惠主编．—广州：广东高等教育出版社，2020.8（2021.3 重印）
（文化自信与中国现当代文学：中学生读本/蒋述卓，陈剑晖，贺仲明主编）
ISBN 978－7－5361－6564－9

Ⅰ.①此… Ⅱ.①杨… ②王… Ⅲ.①阅读课－中学－课外读物 Ⅳ.①G634.333

中国版本图书馆 CIP 数据核字（2019）第 169205 号

书　　名　此日中流自在行
　　　　　CIRI ZHONGLIU ZIZAI XING
出版发行　广东高等教育出版社
　　　　　地址：广州市天河区林和西横路　电话：（020）87554153
　　　　　http://www.gdgjs.com.cn
印　　刷　佛山市浩文彩色印刷有限公司
开　　本　787 毫米×1 092 毫米　16 开
印　　张　12.75
字　　数　242 千
版　　次　2020 年 8 月第 1 版　2021 年 3 月第 2 次印刷
定　　价　36.00 元

写在前面

作为一个编辑，我经常感叹文学的世界浩瀚如大海，书太多，而时间太少。作为一个母亲，我又经常困惑这么多书，该怎么选，读哪些书，才能让孩子在繁重课业之外挤出的阅读时间，读得有品质；怎么读，才能对他的阅读和写作能力提升有所帮助。同时我还非常苦恼，如何与处于叛逆期的孩子对话，建立沟通。众所周知，中学阶段是人的人生观、世界观、价值观以及思维方式、创造能力和审美能力形成的关键时期，而这些能力却绝非朝夕可成。很多家长即使意识到其重要性，但多半也不知从何入手，如何引导。

基于以上，我们尝试从中华文化精神的角度来做一套适合这一年龄段孩子阅读的书。

怎么选？我们遵循“循序渐进”、由浅到深、从近到远的原则。按照情感发展规律，即个人—家庭—国家（民族）—世界的思路精选12个专题。先侧重从中学生的日常生活、身边事物、自信自尊自强、诚实守信，以及文化人格塑造，如何对待爱情友谊，如何增强忧患意识，将个人的“小家”与国家的“大家”统一起来等方面着手。后由“小”到“大”，由“内”及“外”，由“近”及“远”，从个人、自我、家庭延伸到信仰、理想主义与英雄主义、天人合一、人类共同价值观，以及汉语文化、逻辑思维和创造性思维等。

我们首创“学术主编+教学主编”的编写模式，由知名高校学术主编与中学一线教研员、中学语文名师组成的教学主编，以现当代作家名作名篇为基础，围绕自尊自信自强、亲情与爱情等12个专题选择篇目，并以“中华文化精神”贯穿之，精挑细选，匠心打造，体裁涵盖散文、小说、杂文、诗歌、报告文学等文学样式。同时以入选的各篇目的通用版本为底本，撰写导读和作品赏读。编者悉心解读，所撰写的细腻、隽永的文字，引领我们步进文学的殿堂，领略文学之美，值得珍藏。

阅读是一种力量，在这里有300多位中国现当代名家，跨越时空，通过文学的形式，与我们的孩子对话，以想象性、形象性和情感性的文学作品深入孩子内心，通过共鸣，因感受而唤醒孩子自身的精神诉求，进而有意识地构建精神家园。这些作品一旦进入孩子的生命，就会成为其情感和审美结构的一部分，并在最深的意义上构成“自我”。在这纷扰的世界上，孩子无论是认识世界还是面对人生，都能保持正确的世界观、价值观、人生观，以及看问题的大局观。

同时我们特地邀请了各地几十所学校广播站的同学朗读选文作品。不一定是字正腔圆的专业朗读，但这些有感情、有温度的同龄人的声音一定能打动内心，扫码即可用耳朵“悦”读。

在编辑过程中，我们针对青少年的阅读心理和阅读习惯，按照现代出版规范对选文进行了处理，对部分选文做了删减。

在此还要向各选文的作者致以诚挚的敬意，是他们用自己伟大的思想和精湛的文字，为青少年一代提供了思想的源泉和振翅的境界。我们已委托中国文字著作权协会代理稿酬事宜，一并致谢。

希望这套书能够让我们的孩子从繁重的课业和纷杂的电子游戏中走出来，在文学的港湾憩息，感受到文学的力量并得到丰厚的滋养，从中获得面对未知的好奇、追逐梦想的激情、拥抱生活的热情、直面坎坷的勇气和击败困难的力量。

目录

栖居大地

凝眸万物

聆听“他者”

生态反思

纵横思辨

栖居大地

导读

在日出而作、日落而息的农耕文明时代，诗意栖居是“采菊东篱下，悠然见南山”的悠然自得；是“开轩面场圃，把酒话桑麻”的潇洒适意。亦耕亦读的古代士人与山水大地交相辉映，人类以诗意的生存方式栖居于自然展开的生活之中，人与自然相知相契、和谐共存。

然而，人类步入加速度的工业文明时代以来，日新月异的工业发展固然改造了世界的面貌，带来了诸多便利，但席卷性的工业生产却对生态环境进行了冷漠的破坏伤害、对人类精神进行了无情的挤压。自然资源在无穷欲望的追逐下被不断地掠夺，金钱、利益至上的观念如洪水淹没人类，人与大地开始了相互伤害式的分裂。诗人艾略特将现代社会隐喻为一片物欲横流、荒芜无趣的荒原，人们匍匐于利益的诱惑，失去了本真的生活，丧失了精神家园。正是在这一背景下，19 世纪浪漫派诗人荷尔德林写了《人，诗意地栖居》一诗，他以诗人的敏感直觉意识到工业文明幻影下人的异化，从而呼唤人们朝向自然的回归。德国哲学家海德格尔以此为启发，提出了“诗意栖居”的生存论诗学，他指出，面临当下这个众神隐去、家园远遁的黑暗时代，人类应当回归大地和自然，回归本源的存在。在那里，大地与天空、神与众生合为一体，人与万物亲密无间，守护着大地的充盈。海德格尔意图以“人的诗意栖居”来抗衡这个被技术统摄的异化世界。

步入高速运行的现代化建设通道以来，当代中国固然呈现了举世瞩目的现代化奇迹，但也不可避免地染上了大气污染、水土流失、人心彷徨诸类现代病。为此，一些葆有理想精神的当代学者开始自觉地在纸上建构人类精神的栖居地，他们在顺流而下的世道逆流而上，以沉入万物的倾听方式感受远离纷嚣的大地自然，从万物与人的相互感应中寻求精神的宁谧与安顿。

本部分所遴选的五篇作品，以不同的方式记录了人与自然惺惺相惜的情致，展现了现代人诗意栖居的生存图景。苇岸的《大地上的事情》以碎片化的方式记录了作者在大地上的所观所感，展现了一双清澈而不染尘俗的眼睛如何去观看万物，如何在浸入式的观看中领略万物的神奇与美。刘亮程的《黄沙梁》展示了现代都市化进程之外的一种人畜共生、自然而然的村庄生活，在孤独而无目的的漫步中，作者体味着村庄的悲喜，收藏村庄的秘密，聆听雏鸡的晨啼，观看打盹的老人，从村庄从容不变的生存状态中，获得了一种理解自然的真谛，即在人与自然的和谐共存中把握存在的本真。郁达夫的《故都的秋》虽然作于20世纪30年代，但他对自然人文之美的敏锐感悟力仍值得当代读者们借鉴。郁达夫不但对故都北平之秋色、秋声进行了细腻描摹、无尽回味，亦旁及有关秋的人文典故，并将之与南方之秋做对比，将秋的诗意与美淋漓尽致地予以呈现，凸显了作者一颗敏于感悟、玲珑剔透的诗心。韩少功的《雨读》以轻灵的笔触书写了当代读书人在雨中的遐思与冥想，同时以活泼、幽默的笔调穿插了雨中山野百姓的鲜活日常。不同书写元素、书写风格的碰撞，立体地勾勒了现代文明进程中引人深思的乡村生活。冯秋子的《蒙古人》以苍凉、深情的笔触书写了随着季节变化在大地上迁徙的蒙古族人，他们的命运与大山、草原、牛羊融为一体，连歌声中都颤动着自然的旋律。

作品

大地上的事情（节选）[①]

苇　岸

一

我观察过蚂蚁营巢的三种方式。小型蚁筑巢，将湿润的土粒吐在巢口，垒成酒盅状、灶台状、坟冢状、城堡状或松疏的蜂房状，高耸在地面；中型蚁的巢口，土粒散得均匀美观，围成喇叭口或泉心的形状，仿佛大地开放的一只黑色花朵；大型蚁筑巢像北方人的举止，随便、粗略、不拘细节，它们将颗粒远远地衔到什么地方，任意一丢，就像大步奔走撒种的农夫。

二

下雪时，我总想到夏天，因成熟而褪色的榆荚被风从树梢吹落。雪纷纷扬扬，给人间带来某种和谐感，这和谐感正来自于纷纭之中。雪也许是更大的一棵树上的果实，被一场世界之外的大风刮落。它们漂泊到大地各处，它们携带的纯洁，不久即繁衍成春天动人的花朵。

三

写《自然与人生》的日本作家德富芦花观察过落日，他记

① 选自《大地上的事情》（广西师范大学出版社 2014 年版）。苇岸（1960—1999），北京昌平人，著有《大地上的事情》《太阳升起以后》等。

录太阳由衔山到全然沉入地表，需要3分钟。我观察过一次日出，日出比日落缓慢。观看日落，大有守候圣哲临终之感；观看日出，则像等待伟大英雄辉煌的诞生。仿佛有什么阻力，太阳艰难地向上跃动，伸缩着挺进。太阳从露出一丝红线，到伸缩着跳上地表，用了约5分钟。

世界上的事物在速度上，衰落胜于崛起。

四

这是一具熊蜂的尸体，它是自然死亡，还是因疾病或敌害而死，不得而知。它偃卧在那里，翅零乱地散开，肢蜷曲在一起。它的尸身僵硬，很轻，最小的风能将它推动。我见过胡蜂巢、土蜂巢、蜜蜂巢和别的蜂巢，但从没有见过熊蜂巢。熊蜂是穴居者，它们将巢筑在房屋的立柱、檩木、横梁、椽子或枯死的树干上。熊蜂从不集群活动，它们个个都是英雄，单枪匹马到处闯荡。熊蜂是昆虫世界当然的王，它们身着的黑黄斑纹，是大地上最怵目的图案，高贵而恐怖。老人们告诉过孩子，它们能蜇死牛马。

五

麻雀在地面的时间比在树上的时间多。它们只是在吃足食物后，才飞到树上。它们将短硬的喙像北方农妇在缸沿砺刀那样，在枝上反复擦拭。麻雀蹲在枝上啼鸣，如孩子骑在父亲的肩上高声喊叫，这声音蕴含着依赖、信任、幸福和安全感。麻雀在树上就和孩子们在地上一样，它们的蹦跳就是孩子们的奔跑。而树木伸展的愿望，是给鸟儿送来一个个广场。

六

穿越田野的时候，我看到一只鹞子。它静静地盘旋，长久浮在空中。它好像看到了什么，径直俯冲下来，但还未触及地面又迅疾飞起。我想象它看到一只野兔，因人类的扩张在平原上已近绝迹的野兔，梭罗在《瓦尔登湖》中预言过的野兔："要是没有兔子和鹧鸪，一个田野还成什么田野呢？它们是最简单的土生土长的动物，与大自然同色彩、同性质，和树叶、和土地是最亲密的联盟。看到兔子和鹧鸪跑掉的时候，你不觉得它们是禽兽，它们是大自然的一部分，仿佛飒飒的木叶一样。不管发生怎么样的革命，兔子和鹧鸪一定可以永存，像土生土长的人一样。不能维持一只兔子的生活的田野一定是贫瘠无比的。”

看到一只在田野上空徒劳盘旋的鹞子，我想起田野往昔的繁荣。

七

在我的住所前面，有一块空地，它的形状像一只盘子，被四周的楼群围起。它盛过田园般安详的雪，盛过赤道般热烈的雨，但它盛不住孩子们的欢乐。孩子们把欢乐撒在里面，仿佛一颗颗珍珠滚到我的窗前。我注视着男孩和女孩在一起做游戏，这游戏是每个从他们身边匆匆走过的大人都做过的。大人告别了童年，就将游戏像玩具一样丢在了一边。但游戏在孩子们手里，依然一代代传递。

八

在一所小学教室的墙壁上，贴着孩子们写自己家庭的作文。一个孩子写道：他的爸爸是工厂干部，妈妈是中学教师，他们很爱自己的孩子，星期天常常带他去山边玩，他有许多玩具，有自己的小人书库，他感到很幸福。但是妈妈对他管教很严，命令他放学必须直接回家，回家第一件事是用肥皂洗手。为此他感到非常不幸，恨自己的妈妈。

每一匹新驹都不会喜欢给它套上羁绊的人。

九

黎明，我常常被麻雀的叫声唤醒。日子久了，我发现它们总在日出前二十分钟开始啼叫。冬天日出较晚，它们叫得也晚；夏天日出早，它们叫得也早。麻雀在日出前和日出后的叫声不同，日出前它们发出“鸟、鸟、鸟”的声音，日出后便改成“喳、喳、喳”的声音。我不知它们的叫法和太阳有什么关系。

十

在山冈的小径上，我看到一只蚂蚁在拖蜣螂的尸体。蜣螂可能被人踩过，尸体已经变形，渗出的体液粘着两粒石子，使它更加沉重。蚂蚁紧紧咬住蜣螂，它用力扭动身躯，想把蜣螂拖走。蜣螂微微摇晃，但丝毫没有向前移动。我看了很久，直到我离开时，这个可敬的勇士仍在不懈地努力。没有其他蚁来帮它，它似乎也没有回巢去请援军的想法。

十一

麦子是土地上最优美、最典雅、最令人动情的庄稼。麦田整整齐齐摆在辽阔的大地上，仿佛一块块耀眼的黄金。麦田是五月最宝贵的财富，大地蓄积的精华。风吹麦田，麦田摇荡，麦浪把幸福送到外面的村庄。到了六月，农民抢在雷雨之前，把麦田搬走。

十二

在我窗外阳台的横栏上，落了两只麻雀。那里是一个阳光的海湾，温暖、平静、安全。这是两只老雀，世界知道它们为它哺育了多少雏鸟。两只麻雀蹲在辉煌的阳光里，一副丰衣足食的样子。它们眯着眼睛，脑袋转来转去，毫无顾忌。它们时而啼叫几声，声音朴实而亲切。它们的体态肥硕，羽毛蓬松，头缩进厚厚的脖颈里，就像冬天穿着羊皮袄的马车夫。

十三

下过雪许多天了，地表的阴面还残留着积雪。大地斑斑点点，仿佛一头在牧场垂首吃草的花斑母牛。

积雪收缩，并非因为气温升高了，而是大地的体温在吸收它们。

十四

冬天，一次在原野上，我发现了一个奇异的现象，它纠正了我原有的关于火的观念。我没有见到这个人，他点起火走了。火像一头牲口，已将枯草吞噬很大一片。北风吹着，风头很硬，火紧贴在地面上，火首却逆风而行，这让我吃惊。为了再次证实，我把火种引到另一片草上，火依旧溯风烧向北方。

十五

我时常忆起一个情景，它发生在午后时分。如大兵压境，滚滚而来的黑云，很快占据了整面天空。随后，闪电迸绽，雷霆轰鸣，分币大的雨点砸在地上，烟雾四起。骤雨像是一个丧失理性的对人间复仇的巨人。就在这万物偃息的时刻，我看到一只衔虫的麻雀从远处飞回，雷雨没能拦住它，它的窝在雨幕后面的屋檐下。在它从空中降落飞进檐间的一瞬，它的姿势和蜂鸟在花丛前一样美丽。

十六

五月，在尚未插秧的稻田里，闪动着许多小鸟。我叫不出它们的名字，它们神态机灵，体型比麻雀娇小。它们走动的样子，非常庄重。麻雀行走用双足蹦跳，它们行走是像公鸡那样迈步。它们的样子，和孩童做出大人的举止一样好笑。它们飞得很低，从不落到树上。它们是田亩的精灵。它们停在田里，如果不走动，便简直认不出它们。

十七

秋收后，田野如新婚的房间，已被农民拾掇得干干净净。一切要发生的，一切已经到来的，它都将容纳。在人类的身旁，落叶正悲壮地诀别它们的母亲。看着它们决绝的样子，我忽然想，树木养育了它们，仿佛就是为了此时重现大地上的勇士形象。

十八

在冬天空旷的原野上，我听到过啄木鸟敲击树干的声音。它的速度很快，仿佛弓的颤响，我无法数清它的频率。冬天鸟少，鸟的叫声也被藏起。听到这声音，我感到很幸福。我忽然觉得，这声音不是来自啄木鸟，也不是来自光秃的树木，它来自一种尚未命名的鸟。这只鸟，是这声音创造的。

十九

一九八八年一月十六日，我看到了日出。我之所以记下这次日出，是因为有生以来我从没有见过这样大的太阳。好像发生了什么奇迹，它使我惊得目瞪口呆，久久激动不已。哥伦比亚作家加西亚·马尔克斯在《百年孤独》中这样描述马贡多连续下了四年之久的雨后日出："一轮憨厚、鲜红、像破砖碎末般粗糙的红日照亮了世界，这阳光几乎像流水一样清新。"我所注视的这次日出，我不想用更多的话来形容它。红日的硕大，让我首先想到乡村院落的磨盘。如果你看到了这次日出，你会相信。

二十

已经一个月了，那窝蜂依然伏在那里，气温渐渐降低，它们似乎已预感到什么，紧紧地挤在一起，等待最后一刻的降临。只有太阳升高，阳光变暖的时候，它们才偶尔飞起。它们的巢早已失去，它们为什么不在失去巢的那一天飞走呢？每天我看见它们，心情都很沉重。在它们身上，我看到了某种大于生命的东西。那个一把火烧掉蜂巢的人，你为什么要捣毁一个无辜的家呢？显然你只是想借此显示些什么，因为你是男人。

二十一

太阳的道路是弯曲的。我注意几次了。在立夏前后，朝阳能够照到北房的后墙，夕阳也能够照到北房的后墙。其他时间，北房拖着变深的影子。

二十二

立春一到，便有冬天消逝、春天降临的迹象和感觉。此时整整过了一冬的北风，到达天涯后已经返回，它们告诉站在大路旁观看的我：春天已被它们领来。看着旷野，我有一种庄稼满地的幻觉。天空已经变蓝，踩在松动的土地上，我感到肢体在伸张，血液在涌动。我想大声喊叫或疾速奔跑，想拿起锄头拼命劳动一场。我常常产生这个愿望：一周中，在土地上至少劳动一天。爱默生认为，每一个人都应当与这世界上的劳作保持着基本关系。劳动是上帝的教育，它使我们自己与泥土和大自然发生基本的联系。

但是，在这个世界上，有一部分人，一生从未踏上土地。

二十三

捕鸟人天不亮就动身，鸟群天亮开始飞翔。捕鸟人来到一片果园，他支起三张大网，呈三角状。一棵果树被围在里面。捕鸟人将带来的鸟笼，挂在这棵树上，然后隐在一旁。捕鸟人称笼鸟为“圝子”，它们的作用是呼喊。圝子在笼里不懈地转动，每当鸟群从空中飞过，它们便急切地扑翅呼应。它们凄怆的悲鸣，使飞翔的鸟群回转。一些鸟撞到网上，一些鸟落在网外的树上，稍后依然扑向鸟笼。鸟像木叶一般，坠满网片。

丰子恺先生把诱引羊群走向屠场的老羊，称作“羊奸”。我不称这些圝子为“鸟奸”，人类制造的任何词语，都仅在他自己身上适用。

赏读

苇岸是中国自然文学写作的代表作家，他虽然只活了39岁，却开创了汉语自然写作的新领域。用林贤治的话说："苇岸全部的作品所奔赴的关于'大地道德'的主题，在中国现代文学中，具有开创的意义。"《大地上的事情》以最美的文字描画出最壮丽的万物，并由此提出，人类以大地为居所，应当对此怀有谦卑与感激，而不要成为一个妄为的物种。全书文字优美，思想深邃，在人类的日常生活与万物的浩瀚之间建立了深刻的联系。

《大地上的事情》是一本无比美丽的书，书中满载着的，是苇岸对天地万物的情意和礼赞，还有对美好事物轻易逝去的无奈叹息。

诗人是站在大地与万物一边的，万物之中，苇岸偏爱那些日常的、普通的、弱小的生灵，比如蚂蚁、蜜蜂、麻雀。物候之中，他最爱大雪，他说雪赋予大地神性；而在他偏爱的所有的大地上的事情当中，最让他有灵魂共鸣的，是他最后长眠其中的麦田，他说："麦子是土地上最优美、最典雅、最令人动情的庄稼。"

在自然的怀抱里，苇岸用超越时代的视域，用法布尔式的眼睛，观察太阳、原野、麦田、麻雀等，并用生动的文字记录下来。是的，苇岸善用比喻，他把住所前面的空地比作盘子，把田野比作新婚的房间，让读者眼中的自然万物变得形象、亲切。他认为人一周中至少要在土地上劳动一天，他想起田野往昔的富庶，指出"不能维持一只兔子的生活的田野一定是贫瘠无比的"。当一个人如此投入地置身于自然，脑海里只有冉冉升起的太阳、枝头啼鸣的麻雀、秋后如新房般干净的田野，他便达到了"万物与我为一"的美好境界，而那些城市生活中的喧嚣早已遁去。

也许是受19世纪美国著名作家、哲学家梭罗的影响，苇岸善用白描的手法将他对自然的观察和感悟书写下来，以札记式的片段呈现给我们。这些自然随笔式的文字既蕴含着丰富的文化内涵，也带给人独到的审美体验。读他的作品时，随着自然之物一点点跃入眼帘，我们仿佛也跟着作者在大地上自由地奔跑，深入到作者营构的绝美之境；同时也不禁掩卷沉思：我们为何疏离了自然？我们又将如何重新亲近自然？

孔子说："有人，天也；有天，亦天也。"在古代，人与自然和谐共处，以自然为母亲和家园，但随着时代的发展，"人定胜天"的思想开始占据上风，人把自己从自然中逐渐剥离出来，并把自己的意志强加给自然。随着工业化进程的推进，人类对自然的开发越来越过度，对自然的破坏越来越严重。殊不知，生态环境的恶化，给人类的生存带来严重的威胁。基于此，人类不得不重新关注自然，反思与自然的关系，思想上从自然的“去魅”走向“复魅”，现实中把人类对自然的改造限制在生态系统所能承受的范围内。

面对日益恶化的生态环境，我们需要不断反思，并努力改善人与自然的关系。党的十九大报告提出要建设生态文明社会，坚持人与自然和谐共生。在作品中，苇岸还不时对他的观察所得加以议论，将他崇尚自然、反对对自然无节制索取的思想蕴含其中。苇岸关注大地、融入自然的思想，与中国古代的“天人感应”和西方的生态整体主义思想一脉相承，也顺应当今生态文明建设的发展要求，为人与自然的和谐关系提供了可借鉴的模式。

作品

黄沙梁[1]

刘亮程

一、我不知道这个村庄到底有多大

我不知道这个村庄，真正多大，我住在它的一个角上。我也不知道这个村里，到底住着多少人。天麻麻亮人就出村劳动去了，人是一个一个走掉的，谁也不知道谁去了哪里，谁也不清楚谁在为哪件事消磨着一生中的一日。村庄四周是无垠的荒野和地，地和荒野的尽头是另外的村庄和荒野。人的去处大都在人一生里，人咋走也还没走出这一辈子。

一辈子里的某一天，人淹没在庄稼和草中，无声地挥动锄头，风吹草低时露一个头顶，腰背酸困时咳嗽两声。

另外一天人不在了，剩下许多个早晨，太阳出来，照着空房子。

二、对一个村庄的认识

对于黄沙梁，我或许看不深也看不透彻，我的一生局限了

① 选自《一个人的村庄》（春风文艺出版社 2006 年版）。刘亮程，生于 1962 年，新疆人，著有散文集《一个人的村庄》《在新疆》等。

我，久居乡野的孤陋生活又局限了我的一生。

可是谁又能不受局限呢。那些走遍天下学识渊博的人，不也没到过黄沙梁吗。他们熟知世间一切深奥的道理却不认得这个村里的路。我这位农夫有朝一日给他们指一回路真是荣幸莫大。

我全部的学识是我对一个村庄的见识。我在黄沙梁出生，花几十年岁月长成大人，最终老死在这个村里。死后肯定还是埋在村庄附近。这便注定了我生死如一地归属于这片土地，来来回回经过那块地那几间房子，低头抬头看见那一群人。生活单调得像篇翻不过去的枯涩课文，硬逼着我将它记熟、背会，印在脑海灵魂里。除了荒凉这唯一的读物，我的目光无处可栖。大地把最艰涩难读的一个章节留给这群没啥文化的人。

我不懂大道，只通一点斜门歪理。我想一个人活下去的理由可能只有芝麻那么小。而这些芝麻小理并不被通常的大道所涵盖。活在大地边缘的这一村人，他们的生活中没有大事，但并不因此活得小里小气。当他们因一个鸡蛋亲戚为仇、邻居反目，为半截麻绳大打出手、刀叉伤人时，你能说他们心胸狭隘，不该为这些琐碎之事争斗计较吗。那你说他们该计较什么，坐在如此荒远的不为人知的村庄里分析东欧局势，还是讨论九七香港回归问题。这些天下大事，哪一件有牛啃了他们的庄稼这事更大。当张三为自家麦地先淌进水而甩开膀子堵渠拦坝时，你能说他的拦坝工程比三峡工程小、不伟大。他抢救的可是眼看旱死的一亩二分地的麦子啊，这麦子可是他一家五口的活命粮啊。谁要在这时阻止他，没准他会操起锨和你拼命呢。

我在村里住久了，便掌握了这个村庄的很多秘密。比如王家腌了几缸咸菜喂了几头驴，李家粮仓里还有几担麦子箱子里还有多少钱。夜晚走在村里，凭土地的颤动我就能断定谁家夫妻正在做爱事，谁家男人正往地上打桩、墙上钉橛子。分清牛和马的脚步声只需一年零六个月工夫。而黑暗中一前一后走来的两个人，极容易被误认成四条腿的驴。真正认识一个村庄很不容易，你得长久地、一生一世地潜伏在一个村庄里，全神贯注留心它的一草一木一物一事。这样到你快老的时候，才能勉强知道最基本的一点点。在村里溜达一圈走掉的人——如果幸运的话——顶多能踩走一脚牛粪。除此他们能得到什么呢。

那些季节中悠然成熟的麦子，并不为谁而熟，我们收回它们，我们并不是收获者。一年中有一次，麦子忘了回家，我们就得走好几年穷路。那些岁月中老掉的人，常老于一件事情，随便的一件事，就可消磨掉人的一辈子。

想想吧，这些事情有多厉害。我不说出来你会以为什么大事耗掉了人的岁月和经历。那些看来很小的事到底有多大谁也搞不清楚。我们村庄上空飞过的一群苍蝇，对应到世界另一地可能就是一群庞大的轰炸机。我们村里的一声咳嗽，或许才是造成某个遥远国度地震的真正原因。

这个村庄隐没在国家的版图中，没有名字，没有经纬度。历代统治者不知道他的疆土上有黄沙梁这个村子。这是一村被遗漏的人。他们与外面世界彼此无知，这不怪他们。那些我没去过的地方没读过的书没机会认识的人，都在各自的局限中，不能被我了解，这是不足以遗憾的。我有一村庄，已经足够了。当这个村庄局限我的一生时，小小的地球正在局限着整个人类。

三、早晨的人

早晨的人很不真实，恍恍惚惚的，像人从梦中回来的一个个身影。是回来干活的。

活是多少年干熟干惯的，用不着思想和意识。眼睛闭着也不会干错——错也错不到哪里，锨刃就这么宽，锄把就这么长，砍歪挖斜了也还在田间——路会一直把人引到地里。到了地里就没路了，剩下农具和人。人往手心吐一口唾沫，这个身影便动作起来，一下一下，那样地卖着劲，那样地认真持久，像在练一个姿势，一个规定好了一百年不变的动作。却又不知练好了教人去干啥。仿佛地之外有一个巨大而神秘的舞台，仿佛人一生只是一场无望无休的准备。

一场劳动带来另一场劳动，一群人替换掉另一群人。同一块土地翻来覆去，同一样作物，青了黄，黄了青。劳动——这永远需要擦掉重做的习题，永远地摆在面前。土地扣留了劳动者，也将要挟他们千秋万世的后代们，生时在这片田野上劳作，死后还肥这方土。

多少个早晨，我目睹田野上影影绰绰的荷锄者，他们真实得近乎虚无。他们没有声音，也没有其他声音唤醒他们。这是群真正的劳动者，从黑暗中爬起来，操一把锨便下地干活了。

我不敢相信他们是人。

他们是影子，把更深长的影子投在大地上。

他们是从人那里回来的一个个肉身，是回来干活的。

他们没有苏醒。

四、比早晨更早的一个时辰

比早晨更早的一个时辰，残月村边，疏星屋顶，一只未成年的雏鸡，冒失地叫了两声。人迷迷糊糊醒后穿好裤子，摸上一把锨就下地了。

以后的早晨人再听不到这只雏鸡的鸣叫，它可能从此默默无闻，雄气不振，一辈子在母鸡面前抬不起头。这只没长大的小公鸡，鼓了一嗓子劲，时辰没到抢吼了两声。现在它尴尬地站在暗处，听众鸡的讥笑和责骂，那是另一种方式的鸡鸣：黑暗，琐碎。一个早晨的群鸡齐鸣就这样给唱砸了。

这跟人没关系。

人不是鸡叫醒的。鸡叫不叫是鸡的事情。天亮不亮是天的事情。人心中都有自己的早晨，时候到了人会自己醒来。

在大地还一片漆黑的时候，一个人心中的天悄然亮了。他爬起来，操一把农具，穿过鼾声四起的村子，来到一片地里，暗暗地干起一件事。他的心中异常明亮，要干的事清清楚楚摆在面前，根本用不着阳光月光或灯光去照亮。一个看清了一生事业的人，总是在笼罩众人的黑暗中单独地开始了行动。天亮后当人们醒来，世界的某些地方已发生了变化，一块地被翻过了，新砌的一堵土墙耸在村里，一捆柴火堆放在院子……干活的人却不见了，他或许去做另一件事了，也可能接着睡觉去了。他自己的天早早地亮又早早地黑了。原先看得很清的一些事渐渐看不见了。也许是被自己干完了，也许活儿悄然隐匿了。属于自己的活儿迟早还会出现在一生里的。

我们挥锄舞镰在阳光明媚的田野上劳动时，多少人还在遥远的梦中，干着比种地更辉煌更轻松也更荒唐的事情。在那些梦中我们一个个莫名其妙地都死了，消失了。大片大片的土地归属了他们，我们漂亮的房子、妻子和女儿留给了他们，还有钱、粮食……梦中他们制造了这样的结局，大白天见到我们，暗怀心事，神情异样莫测。而当我们昏昏而睡时，又有多少人悄无声息地干着我们不知道的事情。某一个早晨我们睁开眼睛，村子变成另一副模样。那些早醒的人们改了路，推倒又新盖了房子，把沉睡的我们抬到一边。还重选了村长，重分了地。又像搬家具一样把我们睡着的身体挪到另一间房子的另一张床上。让我们醒来不敢相信，把眼前的现实当作一场梦，恍恍惚惚、轻轻飘飘混完一生中剩余的日子。

每次睡着都是一次人生历险啊。

村庄就是艘漂浮在时光中的大船，你一睡着，舵便握在了别人手里，他们像运一根木头一麻袋麦子一样把你贩运到另一个日子。多么黑暗的航行啊。你的妻子儿女、牛、房子和家具都在同一条大船上，横七竖八睡在同一片月光里，互不认识。到岸后作为运费，他们从你生命中扣除一个夜晚，从你的屋墙上剥落一片泥皮，从你妻子的容颜上掠去一点美丽……你总是身不由己来到一生中的一些日子，这些日子一天比一天远离你。

五、整个白天村庄都在生长

整个白天只有老人和狗，守着空荡荡的村子。阳光一小步一小步迈过树梢和屋顶。土路朝天，晾晒着人和牲畜深深浅浅的脚印。

花花绿绿的鸡们，早早打完鸣，下完蛋，干完一天的事情，呆站在阴凉处，不知道剩下的半天咋度过去。

公驴像腰挂黑警棍的巡警，从村东闲逛到村西，黑警棍一举一举，除了捣捣空气，找不到可干的正事。

猪像一群大腹便便的暴发户，三五成群，凑到破墙根和烂泥塘里，你拱我的屁股，我咬你的脖子，不住地放着屁，哼哼唧唧，嚷嚷着致富的事。

狗追咬一朵像狗的云，在沙梁上狂奔。一朵云下的黄沙梁，也是时间的浮云一朵。吹散它的风藏在岁月中。

坐在土墙根打盹的老人，头点一下又点一下，这个倔强的人在岁月中变得服帖，他承认了命运。

整个白天村庄像一个梦境，人都到地里去了，留下一座空村。你找一个人，只能找到一院空房子，院门紧锁，或者敞开着。一个人的家闲置在光阴里，树静静站立，墙默默开裂，鸟悄悄落到屋顶又飞去。人不在时，阳光一样公平地朗照着每一个院子，不会因为谁不在家而少给谁家一束光明。

你喊一个人的名字，结果叫出一条狗。一条狗又招来好几条狗。一会儿工夫，全村的狗都会叫起来。狗是很齐心的动物，一条狗的事便是所有狗的事。从没见过一条狗咬人另一条狗站着冷眼旁观。即使那些离得太远或拴在院子里不能赶来的狗，听到同类的吠叫也会远远地呼应几声，以壮狗势。

人在远远近近的地里，听到狗叫会不由自主抬起头朝村里张望。比人还高的庄稼和草往往挡住人的眼睛。人在心里嘀咕一句：是谁进了村子。尔后又低下头干自己的事。谁也不会因为狗叫两声而扔下锄头跑回村里看个究竟。人们很放心地把一个村庄扔在大白天的原野上，却从不敢粗心地把一捆柴火放在夜里的屋外。他们只相信白天。白天房前屋后的树在阳光下静静地长着叶子，家畜们在树阴下纳凉，太阳晒透的厚厚土墙，一直把温暖保留到晚上。整个白天家都在生长，人们远远走开，不轻易打扰村庄。

你要找的那个人，此刻就在村庄周围的某块地里，悄无声息地干着自己的一件事。他不老也不年轻，无论你哪年哪月见到他，都是这副不变的样子。似乎生死枯荣只是草木和庄稼的事，跟他毫无关系。他的锨不快也不钝，锨把不细也不粗，干活的动作不紧也不慢。他不知道你来找他。知道了他会哪都不去在家等你，不管你找他的事多么不重要。他生活在如此偏远的一个村庄，一辈子都不会有几个人来找他。

他过着一生中又一个平平常常的日子，摆在眼前的活，还和昨天一样多、一样重，也一样轻松。生活就是这样，并不因为你生活了多少年日子就会变得好过。农活更是如此，不是你干掉一件它就会少一件。活是干不完的，你只有慢慢地干着活把自己的一生消磨完。活是个好伴儿，尤其农活，每年都一样多，一样长短的季节。你不用担心哪一年的活会把你压得喘不过气，也别指望哪一年会让你闲得没事。活均匀地摊在一辈子里。除非你想把它攒堆，高高地堆在一生中的某个时期。许多人年轻时都这样，手伸得长长，把本该是好多年后干的事情统统揽到某一年里，他们自以为年轻力盛，用一年时间就能把一辈子的活干完。事实证明，他们忙到老都没有闲下来。

活是人干出来的。

有些活，不干就没有了。

干起来一辈子干不完。

懂得这个道理的人，此刻正仰面朝天，躺在另一块地头的荒草中。他知道这辈子也不会有人来找他，更不会有人找到他。他在世上只活几十年，几十年一过，他啥都不管就走了。他不想揽太多的活，沾惹太多的事情，结交太多的人。他的锄头扔在地中，他和你要找的那个人一样，有一地玉米，地里也有锄不完的草，但他不急。草是慢慢长出来的，他要慢慢地用十年、几十年时间去锄。草很小很矮时，他会整天躺在地头，心想：等草长高些再锄它吧，草生一次也不易，就让它多长几日，把头探进风里，有花的开几朵花，没花的长几片叶，然后再锄掉它也不迟。可是，等草长到比玉米还高时，他便干脆不锄了：既然庄稼没长成，多收些草回去也不是坏事。

每天早晨，他和人们一起扛着锄头离开村子，没人知道这天里他都干了些啥。天黑时他又混在收工的人群中回到村里。其实，即使他躺在家里睡上一年也没有人管。但他不这样，他喜欢躺在草中，静静地倾听谷物生长的声音，以及人和牲畜走动的声音。人寂静下来的时候，就会听到远远近近许多事物的声音。它们组合在一起，成为大地的声音，天空的声音。一个人在荒野中，静静地倾听上一年、两年，就会听上瘾，再不愿多说一句话，多走一步路。他明白了大地的和声并不缺少他这一声，却永远缺少他这样一个倾听者。

六、劳动是件荒凉的事情

劳动的人把名字放在家里出去了。

劳动不需要姓名。

那是一个人远离另一个人的孤远劳动。一村庄人远离另一村庄人。

同行的老牛不会喊出你的名字。它顶多对你哞一声，像对其他牲口那样。手中的锨只感到你逐渐消失的力气。你引水浇灌的麦田不会记住你的名字，那些在六月的骄阳下缓缓抬起头来的麦穗不会望见你，它遍地的拔节声中没有一声因你而响为你而呼。黄昏时你牵牛途经的一片坡地上，一种不知名的草正默默结束花期，它不为你开也不为你凋谢。多少年来你遇见多少次与你无关的花开花落，你默默打它们身边走过，它们不认识你。

劳动是件荒凉的事情。像四处蔓延的草，像东刮西刮的风，像风中的草屑和尘土，像只有一行脚印的路……在一个人的一生里，在一村庄人的一生里，劳动是件荒凉的事情。

隐身劳动的人，成为荒野的一部分。

人的忧郁是一棵草一只鸟的忧郁，没有名字。人的快乐是一头猪一粒虫的快乐，没有名字。秋天，粮食不会按姓名走到谁家里。粮食是一群盲者，顺着劳动之路，回到劳动者心里。

也往往错走到不劳动的人手里。

名字不是人的地址。人没有名字也能活到老。人给牲口起名，是为使唤起来方便。有名字的牲口注定要为名字劳苦一辈子。

人把所有的芦苇都叫芦苇，把所有的羊都叫羊。它们没有单个的名字。单个的名字在它们心里。人没必要知道。

试想，一株叫刘亮程的草生长在浩浩莽莽的草野中，他必会为名字而争风水，抢阳光，出人头地；也会为名字而孤芳自赏，离群孑立。而作为旁观者的人，永远不会从一野的风声中单独地分辨出某一株草的声音。

劳动也是一样的。

你打的粮他打的粮到秋天都会被一车拉走，入到一个大仓里。谁也不会在吞食它们时想到这一粒是张三家的麦子，那一粒是王五家的玉米。

一个人在暗处处理着自己的事情。一村庄人在暗处处理着各自的事情。这是一大片原野上的事情。

就像草，看起来每一株都孤立生长着，有各自的根、茎和叶子，有各自的长势和风姿。可是风一刮一大片都倒了，天一旱一大片都黄了，春天一到一野都绿了。

这不是哪个人的事情。你只是一个干活的人，干着你身边手边的那一份。你在心里知道自己就行了。

你干完的活，别人不会再找到。你把它干掉了。

名字是件没啥实际用处的家什，摆设在人的一生里。一村庄人的名字就像一堆废铁，丁丁当当扔了一地。

那些一辈子没人叫两声的名字，叫不了几年便仓促扔掉的名字，无人怀念的名字，被自己弄脏又擦得铿亮的名字，牛棚一样潦草的名字……现在，都扔在村里，谁也没有跑出去。

黄昏的时候，名字对着荒野呼喊人，声音比最细微的风声还轻，直达人的内心。每个人听见的都是自己的名字。每个名字只有一个去处。

被名字呼喊的人，从黄土中缓缓抬起身，男人、女人、剩一架骨头的人，听到名字的呼唤会扔下活往家走。荒芜一天的人，此刻走在回家途中，不远处泥屋简单的家使这群劳动的人有名有姓。

没有名字的人还将无休无止地埋身劳动。没有名字的人像草一样，一个季节一个季节地荒凉下去。

赏读

黄沙梁，一个多么“简单”的地方。正因为简单、纯粹，人们的价值观才得以纯正、完美的保护。纯净的自然最为神奇，想象力可以任意发挥，生命的激情和能力可以尽情释放，这是灵魂的最佳安放场所。黄沙梁，一个特别不“简单”的地方。在这里，温顺卖力的老牛会教你容忍，犟牛身上的鞭痕让你体悟不顺从者的苦痛，起伏的沙梁造就了宽广的胸襟，遍野的荒草荣枯了诗意的心境。“这里的每一件事物都蕴含了全部。”人在默默中接受来自自然的朴素教化。

在刘亮程的笔下，黄沙梁的万物都是平等的。树木按照自己的意愿伸枝展叶，动物们有着各自的梦想，原野是空旷辽远的，咳嗽、牛哞、狗吠、虫鸣，都能听见来自远方的清晰回声。人和各种动物相安无事……自然是渊深朴茂的，让人对未知和未来产生强烈的追索的冲动，又牵扯着离家的游子在炊烟的指引下安然归来。夜晚各种各样的虫鸣交织在一起，仿佛有无数双耳朵在倾听……自然之道简单而明了地存在于我们的身边，静静地等待着我们，等待着我们的醒悟。

就这样，刘亮程选择小小的黄沙梁作为他的书写天地，这个小村仿佛有无尽的故事，让他说不尽、道不完。为什么呢？因为黄沙梁是刘亮程魂牵梦绕的故乡，他生于斯，长于斯。对这个沙漠边缘的荒凉又落后的小村庄，刘亮程怀有深厚的感情和无限的感激。故乡的水土不仅养大了他，而且给了他见识和思想，他以此作为“根据地”和“瞭望台”，睁大眼睛看世界，看人生。他写黄沙梁，就是在写世界、写人生。他把黄沙梁放大了，或者说，他把世界缩小了，他把自己对世界对人生的认识浓缩在黄沙梁了。刘亮程曾谦虚地说：“我的全部学识就是我对一个村庄的认识。我在黄沙梁出生，花几十年岁月长大成人，最终老死在这个村里。死后肯定还是埋在村庄附近。这便注定了我生死如一地归属于这片土地。”正是这种对故乡与生俱来的深情，激发了他的创作欲，找到了倾吐感情的突破口。

在刘亮程的眼里，黄沙梁上空的那片天，比任何地方都蓝，天上的每一朵云，比任何地方都美。黄沙梁的一草一木都富有灵性，甚至黄沙梁的一头驴，也会在漫长冷寂的冬夜，“双目微闭，冥想着一件又一件大事。想得异常深远、透彻，超越了任何一门哲学、玄学、政治经济学”。黄沙梁的人，也同游走在世的生灵一样，生生死死，如四季更替一样自然。人的出生与离世，如同庄稼的播种与收割，庄稼熟透了，完成了它的一生；人“熟透”了，同样完成了人的一生。无大欢喜，也无大悲恸。虽非心静如水，但也波澜不惊。黄沙梁的人们默默地在荒野上劳作，烈日下，偶尔直起腰来，用袖口擦把汗，望望传来狗吠声的村庄，猜度着是某个生人进村了，之后又慢慢埋下头去干活。黄沙梁的风在悄悄地刮，云在慢慢地飘，黑驴悠闲地从村东头晃到村西头。黄沙梁的节奏永远像一辆牛车，缓慢而安详。刘亮程也整日扛着铁锨“闲转”，抑或用他的锨不断地“改变一些事物”：铲平土包，使土包上的草与平地上的草再也分不出高低了；无故地挖一个大坑，几年后便深陷着一窝子墨绿；铲出一个土枕，一块平地，躺在荒野大地，酣睡一觉，用自己的身体喂喂各类小虫，惬意无比。

其实，刘亮程的笔下之物，全是人们熟悉的，尤其是在农村司空见惯的事物，如花草虫鱼、马牛羊驴、鸡鸭狗兔，还有土屋、草垛、铁锨、院门、五谷、大地、风云，所以读他的散文有一种由衷的亲切感。

刘亮程的可贵和高明之处，不在于如实地描摹了这些事物，而在于赋予这些事物以丰富的内涵底蕴，对这些事物做出发人深思的理性思考和哲学思辨。他把我们带到了一片熟悉而又陌生的领地，然后我们只能乖乖地听他唾星四溅地阐述和揭示这块土地上的秘密。告诉人们：万物与人原为一体一物，无高低贵贱之别，做人、做驴、做小虫，本质上没有什么区别。“在黄沙梁做一个人，倒是件极普通平凡的事，大不必因为你是人就趾高气扬，是狗就垂头丧气。”在刘亮程貌似胡言乱语的话语中，我们找到了一孔通往豁然开朗之境的亮点，嘿！散文原来可以这样来写！

是的，黄沙梁虽然荒凉、落后、蒙昧，但它是刘亮程的巨大财富，是他取之不尽、用之不竭的创作源泉。刘亮程找准了适合于自己的一块坚实的立足之地，就是他的村庄，他的黄沙梁，站在这个立足点上，并从此生发开去，抒写着他的人生、他的哲学。

当然，刘亮程写散文善于运用隐喻的手法，他的村庄已经是一个虚化了的村庄。在都市逛了一大圈之后，他眼中的村庄早已经过他的处理而改变，这个村庄是一个被世俗化的村庄，是刘亮程构造出的乌有之乡。他作品中的黄沙梁只是他想描述的村庄的原型，真正的村庄在他心中。“每个人都有自己的村庄。我们用一生的时间在心中构筑自己的村庄……那个让人心灵定居的地方成了自己一个人的村庄。”

于是，黄沙梁之于刘亮程就不只是黄沙梁，表层上看，它是刘亮程生活、长大的故乡；从深层上看，它是刘亮程的灵魂栖息地和精神家园，是他心中的一块净土圣地，是他的整个世界。旁人是难以介入的，也是无法介入的。它是刘亮程一个人的村庄。他对黄沙梁的情，远非一般人对故乡的感情，他已经远远超过和升华了这种情感，成了他一生也割舍不下的情结。他自己也说：“我是在黄沙梁长大的树木，不管我的杈伸到哪里，枝条蔓过篱笆和墙，在别处开了花结了果，我的根还在黄沙梁。”

作品

故都的秋[①]

郁达夫

秋天，无论在什么地方的秋天，总是好的；可是啊，北国的秋，却特别地来得清，来得静，来得悲凉。我的不远千里，要从杭州赶上青岛，更要从青岛赶上北平来的理由，也不过想饱尝一尝这“秋”，这故都的秋味。

江南，秋当然也是有的，但草木凋得慢，空气来得润，天的颜色显得淡，并且又时常多雨而少风；一个人夹在苏州上海杭州，或厦门香港广州的市民中间，混混沌沌地过去，只能感到一点点清凉，秋的味，秋的色，秋的意境与姿态，总看不饱，尝不透，赏玩不到十足。秋并不是名花，也并不是美酒，那一种半开、半醉的状态，在领略秋的过程上，是不合适的。

不逢北国之秋，已将近十余年了。在南方每年到了秋天，总要想起陶然亭的芦花，钓鱼台的柳影，西山的虫唱，玉泉的夜月，潭柘寺的钟声。在北平即使不出门去吧，就是在皇城人海之中，租人家一椽破屋来住着，早晨起来，泡一碗浓茶，向

① 选自散文集《闲书》（上海良友图书公司 1936 年版）。郁达夫（1896—1945），原名郁文，字达夫，浙江富阳人，著有《沉沦》《迟桂花》等小说。

院子一坐，你也能看得到很高很高的碧绿的天色，听得到青天下驯鸽的飞声。从槐树叶底，朝东细数着一丝一丝漏下来的日光，或在破壁腰中，静对着像喇叭似的牵牛花（朝荣）的蓝朵，自然而然地也能够感觉到十分的秋意。说到了牵牛花，我以为以蓝色或白色者为佳，紫黑色次之，淡红色最下。最好，还要在牵牛花底，教长着几根疏疏落落的尖细且长的秋草，使作陪衬。

北国的槐树，也是一种能使人联想起秋来的点缀。像花而又不是花的那一种落蕊，早晨起来，会铺得满地。脚踏上去，声音也没有，气味也没有，只能感出一点点极微细极柔软的触觉。扫街的在树影下一阵扫后，灰土上留下来的一条条扫帚的丝纹，看起来既觉得细腻，又觉得清闲，潜意识下还觉得有点儿落寞，古人所说的梧桐一叶而天下知秋的遥想，大约也就在这些深沉的地方。

秋蝉的衰弱的残声，更是北国的特产，因为北平处处全长着树，屋子又低，所以无论在什么地方，都听得见它们的啼唱。在南方是非要上郊外或山上去才听得到的。这秋蝉的嘶叫，在北方可和蟋蟀耗子一样，简直像是家家户户都养在家里的家虫。

还有秋雨哩，北方的秋雨，也似乎比南方的下得奇，下得有味，下得更像样。

在灰沉沉的天底下，忽而来一阵凉风，便息列索落地下起雨来了。一层雨过，云渐渐地卷向了西去，天又晴了，太阳又露出脸来了，着着很厚的青布单衣或夹袄的都市闲人，咬着烟管，在雨后的斜桥影里，上桥头树底下去一立，遇见熟人，便会用了缓慢悠闲的声调，微叹着互答着地说：

“唉，天可真凉了——”（这了字念得很高，拖得很长。）

“可不是吗？一层秋雨一层凉了！”

北方人念阵字，总老像是层字，平平仄仄起来，这念错的歧韵，倒来得正好。

北方的果树，到秋天，也是一种奇景。第一是枣子树，屋角、墙头、茅房边上、灶房门口，它都会一株株地长大起来。像橄榄又像鸽蛋似的这枣子颗儿，在小椭圆形的细叶中间，显出淡绿微黄的颜色的时候，正是秋的全盛时期，等枣树叶落，枣子红完，西北风就要起来了，北方便是沙尘灰土的世界，只有这枣子、柿子、葡萄，成熟到八九分的七八月之交，是北国的清秋的佳日，是一年之中最好也没有的 Golden Days。

有些批评家说，中国的文人学士，尤其是诗人，都带着很浓厚的颓废的色彩，所以中国的诗文里，赞颂秋的文字的特别的多。但外国的诗人，又何尝不然？我虽则外国诗文念的不多，也不想开出账来，做一篇秋的诗歌散文钞，但你若去一翻英德法意等诗人的集子，或各国的诗文的 Anthology 来，总能够看到许多关于秋的歌颂和悲啼。各著名的大诗人的长篇田园诗或四季诗里，也总以关于秋的部分，写得最出色而最有味。足见有感觉的动物，有情趣的人类，对于秋，总是一样地特别能引起深沉、幽远、严厉、萧索的感触来的。不单是诗人，就是被关闭在牢狱里的囚犯，到了秋天，我想也一定能感到一种不能自已的深情。秋之于人，何尝有国别，更何尝有人种阶级的区别呢？不过在中国，文字里有一个“秋士”的成语，读本里又有着很普遍的欧阳子的《秋声》与苏东坡的《赤壁赋》等，就觉得中国的文人，与秋和关系特别深了，可是这秋的深味，尤其是中国的秋的深味，非要在北方，才感受得到底。

南国之秋，当然也是有它的特异的地方的，比如廿四桥的明月，钱塘江的秋潮，普陀山的凉雾，荔枝湾的残荷等等，可是色彩不浓，回味不永。比起北国的秋来，正像是黄酒之与白干，稀饭之与馍馍，鲈鱼之与大蟹，黄犬之与骆驼。

秋天，这北国的秋天，若留得住的话，我愿把寿命的三分之二折去，换得一个三分之一的零头。

一九三四年八月，在北平

赏读

在郁达夫的笔下，北方的秋天具有与南方全然不同的气韵。从文中对槐树的落叶、秋蝉、秋雨等事物的描写，我们感受到的是北方秋天的深沉。而“深沉”二字，正是我们理解本文的关键。

据郁达夫的日记记载，二千余字的《故都的秋》是在 1934 年 8 月 17 日，在他到达北平第四天的一个上午一挥而就的。他在故都的秋色中豁然开朗，有如辛稼轩之入灵山的重峦叠嶂——“我觉其间，雄深雅健，如对文章太史公”（辛弃疾《沁园春·灵山齐庵赋，时筑偃湖未成》），正是在故都的街头巷尾这些“深沉的地方”，郁达夫发现了“雄深雅健”的大块文章，发现了季节化了的中国历史文化精神。在一定的意义上也许可以说，这篇《故都的秋》实质上更像是一首中国历史文化精神的《秋声赋》，是对金色的、成熟的、蕴藉深厚的中国历史文化精神的礼赞和追寻。

1933 年 4 月，郁达夫由上海移家杭州定居。他的本意大约是要逃避沪上国民党反动派的政治高压和白色恐怖，同时也远离文艺界的纷争。然而，郁达夫很快就发现，“杭州一隅，也决不是世外的桃源，这样要捐，那样要税，居民的负担，简直比世界哪一国的首都，都加重了”。1933 年 8 月，他在一首记游诗的诗后写道：“近来生活为左右所夹，颇觉烦闷，精神躯体，都不能自由，创作生活，怕将从此告终矣。”在第二天的日记里，他又这样写道：“想做东西，终不能动笔，当决计离开杭州。”“决计离开杭州”自然只是愤言而已，但如果用这里的“杭州”指代内外夹击、庸碌烦闷的日常生活，则大体上是符合郁达夫彼时彼地的思想情绪的。《故都的秋》“抑南扬北”的抒情基调，对于人在南国之秋中只能“混混沌沌”度日的鄙夷，似乎还保留着“决计离开杭州”的余愤。1934 年 8 月，郁达夫到了北平，好像忽然眼前一亮，一下子发现了寻常巷陌中处处可见的，与中国历史文化精神息息相关的“深沉的地方”，一下子走出了“混混沌沌”，于是也就一下子写出了《故都的秋》。我们读《故都的秋》，如果读得细一些，似乎还可以听到作者隐藏在字里行间的喜不自禁，乃至喜极而泣的深长感喟。也正因为如此，文中的“秋天”“故都”“北方”“南方”“色彩浓”“回味永”等关键词，大约也都不是普通的、单纯的季节概念、地域概念和形容词组，这些关键词的背后，也都蕴含着时代、历史、社会、人的大课题。从一定的意义上也许可以说，作者所挚爱、所追寻的“故都的秋”，其实正是经过千秋岁月淘洗的，深沉、清静、悲凉的中国历史文化精神的象征。

作品

雨　读[①]

韩少功

雨天不便外出干活，我只能回到书桌前。如果阴云密布天色太暗，我还得拧开灯，借桌上一角暖光，在雨声中寻一些诗句或者散章，飘飘然落入古人昏黄的心境。如果风雨摧折了电线杆，电灯、电话、电脑全部死寂，我就只能点燃一支蜡烛，摸索着探入不见天日的汉朝或唐朝。

我想象古代书生们身居农耕社会，恐怕也多是蛰居乡里，多是晴耕而雨读的。后人如果竖起双耳，也许能听到累累卷帙中的绵绵雨声；如果伸出双手，也许能摸出纸上的潮润和清凉。很多学者说过，较之西洋文化总体上的外趋性，中国传统文化有总体上的内趋性，比如崇“安”，重“定”，好“静”，尚“止”。这安、定、静、止四个字，难道不正是对雨中乡野的恰切写照？不正是古人们凭窗听雨时的情态？

一段中国的筝箫古曲，多有雨声中的幽远。一幅中国的山水古画，多有雨声中的迷濛。一大堆中国古代的哲学，其所谓

① 选自《山南水北》（作家出版社 2006 年版）。韩少功，生于 1953 年，湖南长沙人，著有小说《马桥词典》、散文集《山南水北》等。

“自足”“求诸己”“尽其在我”一类命题，作为几千年文明的意旨内核和情感基点，当然是事出有因。所谓情由境生和感由事发，它们也许都来自作者们在雨声中的独处。

孟子有过“夜气”一说，以为一个人入夜最容易得气，最容易入道，最容易通神。在孟子看来，昼喧而夜静，昼俗而夜雅，昼巧而夜朴，万籁俱寂之时，夜晚脱落了白昼的红尘，是一个人明心见性的最佳时机。心魂似乎从来都需要星月的滋养。其实，如果孟子不是有钱人，如果他还有田土需要劳作打理，每天累得一入夜就哈欠滚滚目光迷离，就可能还会谈谈“雨气”的——他将知道，农民不一定有夜闲，但大多有雨闲；不一定有夜思，但大多有雨思。古人的各种知识和感怀很可能在雨声里诞生。

雨声中有一点异动，是一线脚步声由远而近了。

雨天里多有山民来访。他们平时忙着各自的生计，只有在雨天才得闲工夫串门。今天来的是贤爹，披一件蓑衣，呱嗒呱嗒踏一双破胶鞋，一进门就惊慌地避狗和斥狗，说他一辈子什么都不怕，就是怕狗。他是个诗人，每次来我家，一口暖茶入口，不出三句就要说到诗联。

打开窗户说话

扯个篮盘做天

——他觉得这一联最上口，如说白话，好玩。

坐北朝南吃西瓜皮朝东放

从上至下读左传书往右翻

——他相信这一联是绝品，对得滴水不漏，天衣无缝，后人想超乎其上，难！

大人大人大大人大到三十六级天宫为玉皇大帝盖瓦

卑职卑职卑卑职卑至一十八层地狱替阎王老子挖煤

——他说这一联不但风趣，风趣中还透出了傲骨，好，可圈。

我若奉命出师敌寇当前十二金牌召不转

公果尽忠报国权奸在内三千铁马杀回来

——这是一副纪念宋代岳飞的对联，何人所作，贤爹记不起来了。贤爹说，这一联好就好在对岳飞有赞有弹，扬中有抑，想法别出一格，但又句句在理。一个人呵，确实要忠，但不能是愚忠，是不是？有时候还要“清君侧”呢，还要“格君心之非”呢，还要俗话说的“不服周”（即犯上作乱）

呢，是不是？

当然，当然。我频频点头。

说完联，还要说诗。贤爹种西瓜了，必有西瓜诗；收南瓜了，必有南瓜诗；看见后生们赌博，必有针对赌博的怨刺诗；只是他厌恶水田里软乎乎的蚂蟥，一辈子没有犁过田，所以至今还没有犁田诗。但他还是有足够的理由嘲笑贺乡长，说那也是个大学生？在大会做报告，啰啰唆唆说那么多，口水都说干了，有什么必要呢？“要是我，根本不要本子，什么事情拿过来，只要四句，顶多八句，保证说得索索利利。你说是不是？”

当然，当然是。我再次频频点头。

我不会旧体诗，只能当个假知音，欣赏他摇头晃脑的吟，即半诵半唱的古典表达。他显然发现我已经听累了，意犹未尽地起身告辞，临走时还要借点书看。我不知他爱看什么，把他带入书房，随他去挑。他翻了翻几本洋书，粗糙指头在纸页一摸，发出“嚓嚓”的划拉声。“这些洋码字怎么这样怪呢？蝌蚪文呵？”又翻了翻几本理论书，更加咋舌不已：“碰鬼！这些字我个个都认得，就是不晓得是什么意思。你说说，这是何理？”

我不便说他读的新书还不够多，更不好意思说好多书我也一知半解。

“这些人不是拿一堆纸来练字吧？”他摇着头，“怪事，怪事。都是娘肚子里生的，未必他们脑壳里不是脑浆子，是灌了青霉素和敌敌畏？”

看来，他觉得世上凡书都应该可以读懂，只有青霉素和敌敌畏一类化学药品，可能还要加上瘦肉精和除草剂，在他眼里比较怪异，一旦灌进脑子就可乱我斯文，应该另作他论。

赏读

本文题为《雨读》，其实写的是作者自己的“雨思”和与农人贤爹的“雨谈”，而“雨思”和“雨谈”都是基于中国古代农耕生产方式下“雨闲”的自然环境和生活方式背景，基于崇“安”、重“定”、好“静”、尚“止”的中国文化的大背景。

看到“雨读”一词，不难想到常常与之并列对举的“晴耕”二字。诸葛亮躬耕陇亩之间，寄傲琴书以待天时；陶渊明采菊东篱之下，心远南山悠然忘机。晴耕雨读由此成为“蛰居乡里”“身居农耕社会”的中国古代文人的理想生活状态，雨读之事由此成为中国古代文人的赏心乐事，作者的“雨思”也由此展开：在雨中乡野，在“雨闲”状态中，中国古代文人凭窗听雨，因为雨的幽远、迷濛和他们在雨声中的独处，才有中国筝箫古曲的幽远、中国山水古画的迷濛和中国古代哲学“自足”“求诸己”“尽其在我”的诸多命题，中国文化因此涵育了总体上的内趋性。也就是说，中国文化不是无源之水，不是高头讲章；中国文化从自然中涵育发生，在自然中熏染成型；中国文化和自然息息相关，也和自然息息相通；“雨声”和“雨气”贯通了自然与人文，也凝聚了自然与人文——“雨声”和“雨气”中藏着中国文化的秘密。而这，正是中国文化的一个显著特点。

看到“雨读”一词，也不难想到明代东林党首领顾宪成撰写的联句——“风声雨声读书声 声声入耳”，入耳的是雨读之声，上心的却是家国之事。内圣外王、济世救民、先忧后乐是中国古代文人的理想抱负和人生选择，作者与山民贤爹的“雨谈”看似散漫平淡、随心随性，其内容却颇值得细细体味：四副对联，两副把“说话”和“做天”、“吃瓜”和“读书”对举，两副涉及做官用事和出师报国。一个普普通通的农人，却表现出一种托身于天地之间的大格局、上为玉皇大帝盖瓦下替阎王老子挖煤的大气概和褒贬历史臧否人物的大情怀。至于“种西瓜了，必有西瓜诗；收南瓜了，必有南瓜诗；看见后生们赌博，必有针对赌博的怨刺诗”，作者的言语间多有戏谑，骨子里却是欣赏。试想想，一部《诗经》，十五国风 160 篇，不就是来自于周初至春秋间各诸侯国华夏族的民间诗歌吗？赋比兴、意象、意境等中国诗歌表现手法和美学特点，不就是中国民间观照自然之后的诗性表达吗？荷尔德林说“人生充满劳绩，但却诗意地栖居在大地上”，说的不就是如贤爹一般的中国农民的生活方式和气度风范吗？贤爹喜欢对联和诗，喜欢摇头晃脑地吟，即半诵半唱的古典表达，不喜欢的是大学生贺乡长啰啰唆唆的现代表达，更对洋书的古怪和理论书的费解表示了质疑，在使用现代汉语、热衷于学习洋文和掌握西方理论话语的现代知识分子那里，这确实显得迂腐甚至无知，但在作者对中国文化进行了“雨思”之后，在对青霉素和敌敌畏、瘦肉精和除草剂等现代文明的伴生物进行了针砭之后，我们有理由认为，像贤爹这样的诗人正是中华传统文化的民间遗珠，而中国传统文化的薪火，在日益西化、日益城市化的中国现代化进程中，也只能在民间、在“雨闲”中生生不息地存在，顽强地表现出生机和活力。

借着“贤爹借书”一节，作者巧妙地把洋洋洒洒的“雨谈”拉回到念兹在兹的“雨读”。文本构思的巧妙还不止于此，“雨思”和“雨谈”两段材料之间，以“雨声”自然串联，作者“古人的各种知识和感怀很可能在雨声里诞生”一句结束前文，“雨声中有一点异动，是一线脚步声由远而近了”开启后文。而把前文和后文联系在一起、组合成就一个篇章的，正是弥漫在雨中乡野大地、浸润在“雨气”中的中国文化精神。而这，也正是作者韩少功乐于栖居湖南农村，与自然为友、与农人为伴的原因。这样的选择不仅仅只是一种生活方式的选择，更是一种文化态度的表达。

作品

蒙古人[①]

冯秋子

有一天，孩子问我内蒙古有多少山？

我们正乘坐一辆破旧的长途汽车从通火车的城市出来，吃力地翻上一座山。流浪汉背着渍满油光的布袋四处游荡，或者坐在街边晒太阳、吹小喇叭（当地人叫它毕什库尔）的那座城市，像小人书里撕下来的一张画，已经遗落在遥远的山谷里了，隐隐约约又从那里传出一两声干燥的火车笛鸣，酷似深秋向南飞逃的最后一只孤雁在呻叫。我说："从这座山开始数，数到车停下不走，你来告诉我。"

可是才看见四五群土黄色的羊，他惊喜一阵就倒在我怀里睡着了。土道上趴伏的一堆堆牛粪已经风干，汽车一过，牛粪骨碌碌跟着跑出好远，跑进道路旁边的荒地。这条被勒勒车轧出来的土道无限延伸，在浩瀚的戈壁草原划出坚定的走向。当年勒勒车慢腾腾跋涉这条土道，赶车人倒在车板上呼呼大睡，偶尔遭遇了狼或者金钱豹一类野兽，埋头赶路的牛立刻死死钉

① 选自散文集《朝向流水》（新疆美术摄影出版社 2011 年版）。冯秋子，女，原名冯德华，内蒙古人，著有散文集《寸断柔肠》《圣山下》等。

在原地，竖起犄角“哞哞”大叫，赶车人坐起来，抽出猎枪……紧张的对峙之后，牛车仍旧慢悠悠开路，野兽留在身后引颈张望，双方互不伤害，要有怎样的分寸和默契，内中奥秘只有当地人和同在那个环境生存的野兽们长年累月地揣摩了。一场虚惊算是远程旅行的一部分内容，更多的时候，勒勒车满载而归，野兔、狍子、沙鸡应有尽有。长途大卡车第一次出现在这条土路上，就像喝醉酒的小伙子那样直着脑袋往前冲，几十年过去，颠破的长途大卡车快跟爬墙上树的孩子磨破的衣裳一样多了。

长途汽车颠簸着前进，嘎啦嘎啦轰响。孩子不管不顾一直酣睡，他看见这片大草甸子就觉得踏实，有了安全感，怎么会被吵醒呢？他尽可以在动荡的梦里，挥舞他的塑料刀剑，冲锋在前英勇无畏。连清醒的我也对汽车后面拖带的滚滚黄尘幻影幻现，和17年前跟随一辆大卡车捕猎黄羊的惊险混淆在一起。那是哥哥开枪以后，受惊的黄羊反扑过来，猛追卡车，气势浩荡汹涌，那感觉真是落荒而豪迈。

长途车停下，已是黄昏，没风的日子，黄昏柔和极了，房屋黯淡，炊烟缥缈。疲惫的旅人走下长途车，回到自己的栖息地，这是一个看见风筝就喊“赛，赛”，想和风筝干杯的草原小城。

孩子很懊丧，一路睡觉把时间都睡完了，问我怎么办呀。我说：“没关系，日子长着呢，你以后都能看到，山呀草地呀牛羊呀，草原上多得没有办法，你记着它，它就永远跟你在一起。”他说：“你是说一辈子也数不清楚啦？”“是的，数不清楚。”我说：“这地方想数清楚东西不是一件容易的事，我从小就想知道这座小城一共装了多少人，哪怕光数出老人和儿童，也没做到。”他显然知道他跟这里的关系，他出生不久，我就把他送回来，上幼儿园才接回北京。我们一想家的时候，就听回家时录下来的内蒙古的歌曲。此刻，他那双明澈的眼睛一直注视着我，这使我又一次相信，和孩子的交流早在他出世以前就进行过，也许使用了语言，也许通过神情，也许就在一个深夜，我的灵魂，或者他的灵魂，骤然照耀过对方。

我有什么错吗？当然，没有。这里的孩子们，愿意盯着那朵白云，热布吉玛额嬷叫它察干达拉额赫，也就是汉语说的白度母。他们盯着云彩从小城上空飘过，盯着小城像进入傍晚似的一下子阴凉昏暗起来。这时，云朵和它的影子快速飘移，孩子们跟着跑，大声呼喊着云朵——他们心目中的天马：黑莫里！黑莫里！让自己跟上浮云，让天马的身影多在自己身上停留，以庇护他们这些常干一点小坏事的孩子们那小小的愿望。不知不觉，跑出了小城，吉祥的云朵回到它的世界去了，孩子们只好折转身往回走。他们不能跑远了，他们的翅膀还没有长坚硬，哪儿也去不了，只好在他们的出生地，一边玩耍，一边等待时机。

太阳和云彩总在明媚的午后创造一个又一个奇迹，孤寂的孩子们一次又一次掀起脚板往远处跑，他们向往的远方神秘莫测，他们清楚去到那里需要无比的力量，投下影子安慰他们的云朵就是天马就是方舟，总有一天会帮助他们离开小城到想象的天地里驰骋。在等待中，孩子们长大，而他们的长辈——草原上的老人，终于在祈祷了几十年之后，乘骑这种上天赐予的神驹，走向通往天国的路。老人与儿童，什么时候开始的这种膜拜旅行，只有上天知道，但生命的轮回从此依照了这种执着的惯性，真的一往无前。

蒙古人居住的这块高原，冬天漫长，冰天雪地，寒潮频繁侵袭，夏天短暂干旱，温差悬殊，去过那里的内地人说那里“早穿皮袄午披纱，晚上围着火炉吃西瓜”。一到6月，人们就开始祈求雨水浸润他们的土地，但是雨水偏对他们极尽吝啬，牧草常年疏黄、低萎，难得葳蕤。一场大雨在人们的千呼万唤中好不容易落下了，却来得桀骜不驯、异常疯狂，无情地鞭挞草地和生灵。人们陆续走出家门，站在天空下，他们仿佛听到了神灵的召唤，在滂沱的雨水显现出远古声音的那一瞬间，洗涤灵魂的时刻便来临了。雨水浇淋他们吧……

沉寂多日的土地先是微微战栗，而后剧烈震动，地下的蓄积隆隆滚沸，如千军万马奔腾呼啸，霎时间日灭天陷，混沌一片。牧人们深深弯下他们的腰，倾听远去的祖先悲怆的昭示，承受故人痛苦的省醒，挖掘自己已经蜕变得微茫、虚妄的灵肉，羞惭的眼泪混着雨水流下来。浇淋吧……他们诚心诚意祈求，草木的枯萎没有心灵的枯竭可怕……浇淋吧！

草地上浑然升起诵经声，像众声齐唱一首节奏柔缓的歌，低沉地唱下去。他们的灵魂还能复苏吗？蒙昧的日子实在过得太久了。此时，他们的虔诚感动了上天，雷声融进了他们的祈祷声，一阵阵撞击着他们的灵魂。大雨如注，吟诵的男女伶仃在风雨中，任雷火在头顶上闪烁。许久，他们抬起沉重的头仰望上苍，目光却像死去的人一样痴迷不动。雨水真的冲刷了他们的罪孽？但雨水和眼泪的确都埋在他们脚下了。

马背上的民族，沦落到今天，仍然是一个谜。

谁能数清那里的东西呢？数字可以帮助牧羊的孩子数清他率领的羊群，可他默默凝视羊儿，心里涌出的决不是孤零零的数字，而是他为羊们起的名字。他熟悉每一只羊，像熟悉自己的脚指头。他站在羊栏出口、坐在野外的山坡上，看着羊儿，和叫汉娜或是木勒根的羊对话。他把听来的故事讲述给它们，也听它们绵绵不绝的叙叨，他和它们常作倾谈，快乐和悲伤悠悠地相互传递过去，到日落西天，他虽然感到身上有些疲乏，但心里已经舒畅，无怨无悔地踏着晚霞走回村庄。有时他实在回想不起别人讲过的故事还有哪一个藏在他的肚子里，他皱着眉头苦苦地想，想不起来，就自己编造一个，他把它讲得神乎其神。讲完故事，他为说不说出这个故事是靠他的大脑想出来的犹豫不决。朗朗嘎嘎晃荡在他屁股后头的两片羊肩胛骨，是他忠实的伙伴，在野外他有时候想放开喉咙唱歌，就敲这片“骨钹”伴奏。撵羊的话，两片琵琶骨又能拍出好多种信号，那些活到两岁的羊，已经被他训练得像一个合格的兵，可它们两岁的时候已经到了中年，日子所剩不多了，三百六十五天？不，重要的是它们能不能顺利越过这个冬天。他还用两片羊骨头拍打羊的屁股，以它们的白骨威慑它们中的捣乱分子，这个办法也很灵。当然，他也知道什么时候从羊皮口袋里掏几把晶盐撒在山石上，让他的宝贝们像嚼糖果似的享受一下。数字在草原真的不是一个特别有价值、特别有力的东西。

蒙古人的祖先习惯随着季节迁徙，在北方荒漠的土地上一代一代地走过来。后来，选定一个牧草还算肥美的地方落脚，许多小小的、兴旺的牧村就这样诞生了。然而，土地实在广阔、人实在稀少，千百年的演变未曾改变这一点。那里的山雄健、厚实，但是光秃秃的缺乏色彩，草地奈何不了天灾人祸，留给牲畜的只有山羊胡子一般的茸茸纤草，而稀疏的草地里乱石兽骨比比皆是，一派荒凉。时间淹没了发生在那里的无数故事，横亘在荒山野岭的历史早在这群人到来之前就已经是赤裸裸的了，历史袒胸露背，而他们无法装饰山头。

是历史留给这个民族的荣辱过于沉重，还是这个民族压根就驮载不起历史的重负？也说不定是它的历史残酷不仁，无以收拾？那么从前的人们都充当了辉煌的牺牲品？后来的人又与他们的历史割裂开来？

沉缓的山涌出大地，山峰凝重地屹立，一座接着一座，山里山外都是草原和戈壁滩，曾经开垦过的土地留下了劳作的痕迹，黄土壤上一簇簇绿色马莲花随风摇荡，村庄和附近农田里的绿色植物悄没声息。回头看，还是山脉，是的，山脉。山脉富有韵律地起伏，和沙漠里风势造就的一个个沙丘似的那样绵延，与天相接。天湛蓝悠远，干涩的风习习吹拂，羊群散落了半个山坡，星星点点仿佛雨后草地里冒出来的一堆堆白蘑菇，孤独的牧羊人就坐在山丘上。苍茫、悲壮的山，沉寂得的确太久了，生长在那里的人感觉到他们和那里的山一样学会了沉默。

小时候，常看见热布吉玛额嬷跪坐在后脚弯里整理她的黑发，一条粗粗的大辫子，最后被她盘在后脑上，随后，她从衣袍里掏出小镜子前后照一照漂亮的发髻，这件事就做完了。她露出笑容。把一天的活儿干得差不多以后，已是后半晌，她要唱歌了。她想说的话，都在歌声里。是不是深刻，有没有人在听，她不去想。后半晌是安宁的，她喜欢寂静的午后，她发现那段时间心地开阔、舒坦，说不出的幸福，而内心翩翩欲动，很想对蓝天诉说，对不谙世事的孩子诉说，对她自己诉说，她就唱出歌来。唱完天就黑了，她又要忙碌一家人的晚饭。

她出生以后和别的地方别的孩子一样，很多时候混混沌沌睡觉，但在她的睡梦里，蒙古人的歌声憧憧，她学着走路即从那种抑扬跌宕的节奏中找到了平衡，那种音乐从此在她的血液中繁衍。她把蒙古长调变幻出无数种旋律，每一种旋律都是她吟唱那一时刻才萌发创造的，是那一时刻她想说的话，她想说的就是这样表达的，那声音、那旋律，就是她心里埋藏的秘密。因此午后，太阳西下时，她常被自己激励得泪水泫垂。

艰难的生活和人的尊严，在热布吉玛额嬷的心里竟然有简单的母子关系，一个孕育另一个，她唱。她还反反复复吟诵太阳：太阳帮助我们的心灵脱离黑暗。不朽的是什么呢？她问自己。是力量。她唱，有时她哼唱的是没有歌词的歌，也许是词语不如音乐之声更能表达额嬷的内心？额嬷的歌，出落在那片土地，出落在传统的蒙古调式里，仍旧带着无法抗拒的沧桑感，在高亢、辽远中，在自由、奔放中，在大幅度的回旋、跳跃中，仍旧潜藏着深深的忧郁。那时节，草原上行进的只有额嬷的歌，万物祥和、静谧，额嬷回过头来看望我们，我们才知道还有自己的呼吸。蒙古谚语说："活着，我们亲如兄弟；死后，我们的灵魂一同成佛。"我就是从热布吉玛额嬷唱歌开始理解一个生命怎样孕育出她的世界，并且理解了世界上有一种哭泣，不是为着艰难、痛苦、哀戚，仅仅是你看见了你吟唱的万物，看见了上苍，你为之感动。

有一回额嬷讲起她的母亲，那件事发生在很早以前，她母亲放牧归来，母羊们和圈里的幼仔纷纷团聚，有一只母山羊却大发脾气，用后蹄狠狠踹踢挤到它身边的两只小羊羔，它们刚出生四天，它们的妈妈不认它们了。额嬷的母亲喝喊那只母山羊，但无济于事。老人无奈坐在羊圈旁唱起歌来。歌声娓娓地叙述了一个古老的传说，那是一场旷日持久的战争，部落里的成年男子奋力抵抗入侵者，因寡不敌众全部战死，血水淹没了草场。敌人驱赶着俘获的牛羊和儿童，踏着血海凯旋，为了庆贺胜利，他们宰杀了这些牲畜，而命令那些俘虏的孩子们"快去逃命"，只见背后乱箭齐发，孩子们在奔跑中全部丧生。孩子们曾经栖息的家园从此凝结成马蹄般坚硬的板块地，荒废了……归圈的羊儿静静地倾听这如泣如诉的苍老歌声，那只被邪恶迷惑了眼睛的母山羊已是泪流满面，没等额嬷的母亲唱完，揽过自己的幼子，让它们在它的怀里拱动，急迫地吮吸它的乳汁，母山羊又慈爱如初。

这不是童话，我亲眼见过歌子把牛唱哭。

我听过很多蒙古人唱歌。在北京的蒙古歌手腾格尔有一回唱起他创作的《你和太阳一同升起》，大家听他粗犷中稍带感伤、嘶哑中略显压抑的歌声，喝下很多白酒，然后笑着擦掉眼泪。

我常想，蒙古人唱歌就是那些沉寂的山的动静。

赏读

《蒙古人》是冯秋子早期创作的一篇散文。作者以饱蘸情感的笔触描述了各种情境，借以表现蒙古人的生存方式：当赶路的勒勒车遇到野兽，"紧张的对峙之后，牛车仍旧慢悠悠开路，野兽留在身后引颈张望，双方互不伤害，要有怎样的分寸和默契，内中奥秘只有当地人和同在那个环境生存的野兽们长年累月地揣摩了"，这是人与兽；"活着，我们亲如兄弟；死后，我们的灵魂一同成佛"，这是人与人；"一到6月，人们就开始祈求雨水浸润他们的土地，但是雨水偏对他们极尽吝啬……一场大雨在人们的千呼万唤中好不容易落下了，却来得桀骜不驯、异常疯狂，无情地鞭挞草地和生灵……草地上浑然升起诵经声，像众生齐唱一首节奏柔缓的歌，低沉地唱下去。他们的灵魂还能复苏吗？"这是人与自然。冯秋子的散文使我们看见了生养她的那个民族，看到了草原上穿长袍放牛羊的人们的痛苦与渴望。

当然还有历史。“是历史留给这个民族的荣辱过于沉重，还是这个民族压根就驮载不起历史的重负？也说不定是它的历史残酷不仁、无以收拾？那么从前的人们都充当了辉煌的牺牲品？后来的人又与他们的历史割裂开来？”透过祖祖辈辈引以为自豪的辉煌历史，冯秋子看到的是久已被忽视的辉煌历史的背面，是铸就荣耀的鲜血与苦难，以及这一切留给后人的巨大的黑洞。应该说，冯秋子的思考是凝重而富于穿透力的，它体现了一个民族在走向现代化时所必需的、对历史的理性梳理，尽管是以感性的方式。既然“所有历史写作中都普遍存在诗学因素，即作为修辞而出现于散文话语中的一种因素”。那么反过来，冯秋子的散文创作对于了解蒙古的过去、现在和未来，对于了解置身其中的个体也应该具有历史学的意义。

显然，作者不喜欢用第一人称作为文章叙述的主色口吻，她有时用第二人称，有时用第三人称，有时三者相互交替着使用，但无论怎样使用，均有条不紊，伸缩自如，张力十足。这是一种很有特色的写法。作者像是一位电影艺术家，又像是一位山水画家，每一篇散文，都好像是先有一幅色彩鲜明的画呈现在你眼前，然后才是人物，或是她熟悉的人物，或是她自己本人。不像大多数散文作者，一入笔，“我”的特色就很浓郁，并且贯彻始终。阅读她的散文，像是欣赏一幅幅画，像是蒙太奇，移步换景，俯视生姿，随着语言节奏的缓慢叙述，将人的视野放在了辽阔而空旷寂寞的草原，让读者产生无限的遐想和深刻的地域认知。这种写法实是借用了小说的写法。读者很容易把她的散文当作小说来读，然而细读之后，发现还是散文，是她生活里的悠悠往事，一些平凡普通的小人物经过她的笔墨渲染，其形象跃然纸上，让人感动，让人难忘。这无疑是散文写作方式上的一个突破。

作者的语言有如蒙古民族的长调，缓慢而抑扬顿挫，读着不是那么疲惫乏味，而是好像坐在一辆破旧的勒勒车上，目光悠闲地望着茫茫无际的草原和星星点点的蒙古包，耳畔传来的是牧人的吆喝声和寂寞时吟唱的蒙古长调，偶尔有一辆公交车似虫子一样缓缓地驶来，给寂静的草原带来一缕缕令人怅惘的尘烟。这无疑让读者有了一种音乐美的熏陶。也就是说，作者的语言深深打上了地域特色和民族音乐韵律的特色。读她的作品，实在是一种难得的艺术享受。

话题探究

1. 在《大地上的事情》一文中，苇岸写到“在这个世界上，有一部分人，一生从未踏上土地”，请结合生活经验谈谈你对这句话的理解？

2.《黄沙梁》一文选自《一个人的村庄》，而作者刘亮程在其中写道：“每个人都有自己的村庄。我们用一生的时间在心中构筑自己的村庄……那个让人心灵定居的地方成了自己一个人的村庄。”请结合文本谈谈你将如何用“一生的时间”来“构筑”一个能够让“心灵定居”的“自己的村庄”？

3. 表面上看，《故都的秋》写的是季候，《雨读》写的是天气，但其中饱含着深厚的文化底蕴、深刻的文化体悟和深沉的文化追求，请就此谈谈你的看法。

4.《蒙古人》所呈现的蒙古人的生活方式和文化性格，是在“关系”中展开的，请对此分析，说说你认为这是一种“诗意的栖居”方式吗？

凝眸万物

导读

自然是人类在此生生不息的生命策源地，它滋养着人类的生存、培育着人类文明。高山大川、平原野地、森林草原无不在昭示着亘古不变的真理，袒露着不为时空所侵蚀的永恒之美。在人类文明的长河中，自然之美很长一段时间被人情物理所遮蔽，隐伏为人类情感的寄托物、人间社会的陪衬者。直至魏晋南北朝时，自然山水才在谢灵运的山水诗中成为被吟咏的独立风景，而到了柳宗元笔下，山水更由被动观看的风景上升为人格化的独立体。几千年来，自然山水在谢灵运、王维、李白、柳宗元等文人的创造性延续中形成了中国山水诗文的强大传统。这些诗文或描山绘水，或借山水抒情表意，不仅一展奇山异水之美，而且承载了儒道释等传统文化的丰富内涵。行至现代，虽然工业化浪潮以不可阻挠之势推动社会的前行，虽然对于工业机器、现代文明的礼赞不绝于耳，但是，对于人类最终之家园——自然，葆有初心的作者仍从自然的感受与体悟中发现了无尽的力量与启示。

本部分所选录的五篇作品为我们呈现了造化之神奇、自然之大美。正是在远离灯红酒绿的荒郊野地、森林平原，文学在对自然的感悟中自由生长，对世界的敬畏、对美的领略、对人类丰富性的发现成为现代作家对自然的不绝礼赞。冯至的《山水（后记）》袒露了一名存在主义诗人对山水的观看与领悟，冯至对于山水的观看，用他自己的话来说就是“赤裸裸地脱去文化的衣裳，用原始的眼睛来观看”。在冯至看来，文化的衣裳固然能提供各种解释自然、规划自然的方式，同时，也限制了个体的感受能力。如果每个生命能用毫无遮蔽的原始的眼睛观看宇宙万物，那么，周围的事物将会呈现其本真的形态，展露其真实的灵魂。只有以这份初心来观看、倾听、分担与承受万物，个体生命才能发现自然的真实与美，并从中受到无尽的滋养与启迪。林清玄的《光之四书》以灵动、细腻的笔触书写了光之色、香、味、触，无形之光在作者的妙笔下，成为活色生香的生命体，敏锐的发现、纤敏的感触折射了光的奇妙与大美。杨键的诗歌《薄暮时分的杉树林》是诗人与树林的生命对语，静默的树林安放尘世游子困顿的心魂，也昭示了生与死的秘密。李娟的《森林》在迷路森林的偶然时空间发现了森林潜伏的力量、澎湃的秘密，发现森林与人类一样有着自己无可抗拒的命运，人与森林的相遇成为两个生命体的相遇相知。黄礼孩的诗歌《喀纳斯》呈现了自然的秩序与美，自然并不需要人类提供什么，它们安静展开，成为自身的生命之光。诗人的这份清明的理性与清澈的哲思对于狂热而自大的现代人而言，如同一剂清凉的解毒剂。

作品

山水（后记）[①]

冯　至

三十一年[②]的秋天，从过去写的散文中抽出十篇性质相近的，集在一起，按照年月的先后编成一个集子，在封面上题了“山水”两个字，随后又信手写了一篇跋语：

“十几年来，走过许多地方，自己留下的纪念却是疏疏落落的几篇散文。或无心，或有意，在一些地方停留下来，停留的时间不管是长到几年或是短到几点钟，可是我一离开它们，它们便一粒种子似的种在我的身内了：有的仿佛发了芽，有的则长久地沉埋着，静默无形，使人觉得更是一个沉重的负担。我最难忘怀的，譬如某某古寺里的一棵千年的玫瑰，某某僻静的乡村礼拜堂里的一幅名画，某某海滨的一次散步，某某水上的一次夜航……这些地方虽然不在这小册子里出现，但它们和我在这里所写的几个地方一样，都交织在记忆里，成为我灵魂里的山川。我爱惜它们，无异于爱惜自己的生命。

① 本文系作者为上海文化生活出版社 1947 年 5 月版《山水》所做的后记，1946 年冬写于北平。此据上海文化生活出版社版编入。冯至（1905—1993），原名冯承植，河北涿州人，著有诗集《十四行集》、散文集《山水》等。

② 1942 年，这里指中华民国三十一年。

“至于这小册子里所写的，都不是世人所谓的名胜。地壳构成时，因为偶然的遇合，产生出不寻常的现象，如某处的山洞，某处的石林，只能使我们一新眼界，却不能使我们惊讶造物的神奇。真实的造化之工却在平凡的原野上，一棵树的姿态，一株草的生长，一只鸟的飞翔，这里边含有无限的永恒的美。所谓探奇访胜，不过是人的一种好奇心，正如菜蔬之外还想尝一尝山珍海味；可是给我们的生命滋养最多的并不是那些石林山洞，而是碧绿的原野。自然本身不晓得夸张，人又何必把夸张传染给自然呢。我爱树下水滨明心见性的思想者，却不爱访奇探胜的奇士。因为自然里无所谓奇，无所谓胜，纵使有些异乎寻常的现象，但在永恒的美中并不能显出什么特殊的意义。

“对于山水，我们还给它们本来的面目吧。我们不应该把一些人事掺杂在自然里面：宋、元以来的山水画家就很理解这种态度。在人事里，我们尽可以怀念过去；在自然里，我们却愿意万古长新。最使人不能忍耐的是杭州的西湖，人们既不顾虑到适宜不适宜，也不顾虑这有限的一湖湖水能有多少容量，把一些历史的糟粕尽其可能地堆在湖的周围，一片完美的湖山变得支离破裂，成为一堆东拼西凑的杂景。——我是怎样爱慕那些还没有被人类的历史所点染过的自然：带有原始气氛的树林，只有樵夫和猎人所攀登的山坡，船渐渐远离了剩下的一片湖水，这里，自然才在我们面前矗立起来，我们同时也会感到我们应该怎样生长。山水越是无名，给我们的影响也越大；因此这些风景里出现的少数的人物也多半是无名的：但愿他们都谦虚，山上也好，水边也好，一个大都会附近的新村里也好，他们的生与死都像一棵树似的，不曾玷污了或是破坏了自然。”

等到第二年九月，《山水》在重庆的一个书局出版时，由于一时的疏忽，这篇不及一千字的短文却没有印在书的后边。如今重新编定这本小书，又加上三十一年以后的三篇，再把它重读一遍，觉得它并没有失却它充作跋语的意义。这种对于自然的看法，我不能不感谢昆明七年的寄居。昆明附近的山水是那样朴素、坦白，少有历史的负担和人工的点缀，它们没有修饰，无处不呈露出它们本来的面目：这时我认识了自然，自然也教育了我。在抗战期中最苦闷的岁月里，多赖那朴质的原野供给我无限的精神食粮，当社会里一般的现象一天一天地趋向腐烂时，任何一棵田埂上的小草，任何一棵山坡上的树木，都曾给予我许多启示，在寂寞中，在无人可与告语的境况里，它们始终维系住了我向上的心情，它们在我的生命里发生了比任何人类的名言懿行都重大的作用。我在它们那里领悟了什么是生长，明白了什么是忍耐。

但是自从三十一年以后，除去这里加上的三篇，我就很少写《山水》这类的文字了。当时后方的城市里不合理的事成为常情，合理的事成为例外，眼看着成群的士兵不死于战场，而死于官长的贪污，努力工作者日日与疾病和饥寒战斗，而荒淫无耻者却好像支配了一切。我写作的兴趣也就转移，起始写一些关于眼前种种现实的杂文，在那时成为一时风尚的小型周刊上发表，一篇一篇地写下去，直到三十四年①八月十日才好像告了一个结束。如今回顾，我仍然爱惜《山水》里的几篇，以及那篇跋语里所说的几段话。因为无论在多么黯淡的时刻，《山水》中的风景和人物都在我的面前闪着微光，使我生长，使我忍耐。就是那些杂文的写成，也多赖这点微光引导着我的思路，一篇一篇地写下去，不会感到疲倦。

如今回到北平，眼前的种种陷入比战时更为纷纭的状况。终日坐在城圈子里，再也没有原野的风梳栉我的心灵，而昆明的山水竟好像成为我理想中的山水了。这时我觉得这本小册子与其说是纪念过去走过的许多地方，倒不如说是纪念昆明。

赏读

季羡林先生在《诗人兼学者的冯至先生》一文中所说：“冯至先生的散文，我觉得，就是继承了中国优秀传统的。不能说其中没有一点西方的影响，但根底却是中国传统。我每读他的散文，上面说的那些特点都能感觉到，含蓄、飘逸、简明、生动，而且诗意盎然，读之如食橄榄，余味无穷，三日口香。”“我认为冯先生的散文实际上就是抒情诗，是同他的抒情诗一脉相通的。中国诗坛的情况，我不清楚；从下面向上瞥了一眼，不甚了了。散文坛上的情况，多少知道一点。在散文这座坛上，冯先生卓然成家，同他比肩的散文作家没有几个，他也是我最喜欢的近代散文作家之一。”

与中国的传统山水诗文及现代山水散文之瞩目于名山胜水不同，冯至力

① 1945 年，这里指中华民国三十四年。

戒相沿成习的人化自然、别有寄托的抒情态度，而将着眼点放在那些无名的自然风物上，努力还原它们朴素的本来面目，着力抒写它们无形中给予自己的感动和启示。这种观察和写作的姿态正是反山水抒情传统的，在中国山水诗文史上可说是一个创举。面对自然景观，冯至从未明确表示过对名川大山的爱好。在审美取向上，他选择了幽静与平凡，一草一木，一溪一石，凡平常景物，他皆认为有可供审美的意趣。所以，冯至笔下所展示的只是寻常山水的寻常场景，渲染的也只是人与自然的契合与融洽。对平凡自然的审美选择冯至一直是自觉的，冯至在《山水（后记）》里对此有恳切的说明："真实的造化之工却在平凡的原野上，一棵树的姿态，一株草的生长，一只鸟的飞翔，这里边含有无限的永恒的美。"这种返璞归真的自然哲学显然与冯至早年受到的魏晋玄学的影响有关，魏晋人物远离红尘，否定浊世，向往山林的价值取向在一定程度上左右了冯至的自然选择。所以，冯至崇尚自然的本真状态，反对人工修饰的山水。

但冯至表现山水的目的并非为了纯粹的审美，在审视山水景物的同时，他也表现出一度的思考。事实上，冯至是一个沉思型的作家。……他以自己特有的角度切入"现时"生活，用对生命与自然的沉思来清理被艰难时世戕害的心灵世界。冯至的山水散文当然不会忽视人的存在，但他笔下的人物不再是指点江山的英雄，也并非寄情山水的才子，而是同自然一样朴素的农民、市民、樵夫或猎人等小人物，显示出作者对普通人的关怀和尊重。在一向被名士才子独占的中国山水诗文中，冯至的这类作品殊为难得。然则，冯至为什么要关怀这些小人物呢？他在《山水（后记）》里有这样写道："山水越是无名，给我们的影响也越大；因此这些风景里出现的少数的人物也多半是无名的：但愿他们都谦虚，山上也好，水边也好，一个大都会附近的新村里也好，他们的生与死都像一棵树似的，不曾玷污了或是破坏了自然。"我们读到《山水》集中小人物朴素自然的为人与处世，会生出由衷的感动和尊敬，获得深切的人生启示。

与山水的自然和人物的朴质一致，冯至的《山水》极力避传统山水诗文惯有的夸张渲染之笔墨，凡所叙之事都以严肃朴素的笔法出之，凡所抒之情皆以谦虚诚恳的笔调节制之，给人凝重简练而又朴厚深远之美感。而他所呼唤的个体生命的"承担"态度至今看来尤有其深远的意义所在。山水中出现的人和事总引起作者的一些遐想。在动荡不安的年代，宁静的山水不仅给诗人提供了一份灵魂憩息之地，而且给他提供了“无限的精神食粮”和“许多启示”，从而教人学会了“生长”和“忍耐”。现实的逼迫使冯至真实地贴近了自然，自然的山水又反过来促使他加深对社会的沉思，给他以生存的力量。

作品

光之四书[①]

林清玄

光之色

当塞尚把苹果画成蓝色以后，大家对颜色突然开始有了奇异的视野，更不要说马蒂斯蓝色的向日葵、毕加索鲜红色的人体、夏加尔绿色的脸了。

艺术家们都在追求绝对的真实，其实这种绝对往往不是一种常态。

我是真正见过蓝色苹果的人。有一次去参加朋友的舞会，舞会不免有些水果点心，我发现就在我坐的位子旁边一个摆设得精美的果盘，中间有几只梨山的青苹果，苹果之上一个色纸包扎的蓝灯，一束光正好打在苹果上，那苹果的蓝色正是塞尚画布上的色泽。那种感动竟使我微微地颤抖起来，想到诗人里尔克称赞塞尚的画："是法国式的雅致与德国式的热情之平衡。"

① 选自《人间最美是清欢》（北京十月文艺出版社 2016 年版）。林清玄（1953—2019），台湾高雄人，著有散文集《莲花开落》《冷月钟笛》等。

设若有一个人，他从来没有见过苹果，那一刻，我指着那苹果说：苹果是蓝色的。他必然要相信不疑。

然后，灯光变了，是一支快速度的舞，七彩的光在屋内旋转，打在果盘上，所有的水果顿时成为七彩的斑点流动。我抬头，看到舞会男女，每个人脸上的肤色隐去，都是霓虹灯一样，只是一些活动的碎点，像极了秀拉用细点的描绘。当刻，我不仅理解了马蒂斯、毕加索、夏加尔种种，甚至看见了除去阳光以外的真实。

在阳光下，所有的事物自有它的颜色，当阳光隐去，在黑暗里，事物全失去了颜色。设若我们换了灯，同样是灯，灯泡与日光灯会使色泽不同，即使同是灯泡，百烛与十烛间相去甚巨，不要说是一支蜡烛了。我们时常说在黑夜的月光与烛光下就有了气氛，那是我们多出一种想象的空间，少去了逼人的现实，即使在阳光艳照的天气，我们突然走进树林，枝叶掩映，点点丝丝，气氛仿佛滤过，就围绕了周边。什么才是气氛呢？因为不真实，才有气有氛，令人迷惑。或者说除去直接无情的真实，留下迂回间接的真实，那就是一般人口里的气氛了。

有一回在乡下，听到一位农夫说到现今社会风气的败德，他说："都是电灯害的，电灯使人有了夜里的活动，而所有的坏事全是在黑暗里进行的。"想想，人在阳光的照耀下，到底还是保持着本色，黑暗里本色失去，一只苹果可以蓝，可以七彩，人还有什么不可为呢？

这样一想，阳光确实是无情，它让我们无所隐藏，它的无情在于它的无色，也在于它的永恒，又在于它的自然。不管人世有多少沧桑，阳光总不改变它的颜色，所以仿佛也不值得歌颂了。

熟知中国文学的人应该发现，中国诗人词家少有写阳光下的心情，他们写到的阳光尽是日暮（天寒翠袖薄，日暮倚修竹），尽是黄昏（月上柳梢头，人约黄昏后），尽是落日（大漠孤烟直，长河落日圆），尽是夕阳（去年天气旧亭台，夕阳西下几时回），尽是斜阳（斜阳外，寒鸦数点，流水绕孤村），尽是落照（家住苍烟落照间，丝毫尘事不相关）……阳光的无所不在，无地不照，反而只有离去时最后的照影，才能勾起艺术家诗人的灵感，想起来真是奇怪的事。

一朝唐诗、一代宋词，大部分是在月下、灯烛下进行，你说奇怪不奇怪？说起来就是气氛作怪，如果是日正当中，仿佛都与情思、离愁、国仇、家恨无缘，思念故人自然是在月夜空山才有气氛，怀忧边地也只有在清风明月里才能服人，即使饮酒作乐，不在有月的晚上难道是在白天吗？其实天底下最大的痛苦不是在夜里，而是在大太阳下也令人战栗，只是没有气氛，无法描摹罢了。

有阳光的天色，是给人工作的，不是给人艺术的，不是给人联想和忧思的。有阳光的艺术不是诗人词家的，是画家的专利，中国一部艺术史大部分写着阳光，西方的艺术史也是亮灿照耀，到印象派的时候更是光影辉煌，只是现代艺术家似乎不满意这样，他们有意无意地改变光的颜色。抽象自不必说了，写实，也不要俗人都看得见的颜色，而是透过画家的眼睛，他们说这是“超脱”，这是“真实”，这是“爱怎么画就怎么画才是创作”。

我常说艺术家是上帝的错误设计，因为他们要在阳光的永恒下，另外做自己的永恒，以为这样就成为永恒的主宰。艺术背叛了阳光的原色，生活也是如此。我们的黑夜愈来愈长，我们的屋子愈来愈密，谁还在乎有没有阳光呢？现在我如果批评塞尚的蓝苹果，一定引来一阵乱棒，就像齐白石若画了蓝色的柿子也会挨骂一样，其实前后还不过是百年的时间。一百年，就让现代人相信没有阳光，日子一样自在，让现代人相信艺术家的真实胜过阳光的真实。

阳光本色的失落是现代人最可悲的一种，许多人不知道在阳光下，稻子可以绿成如何，天可以蓝到什么程度，玫瑰花可以红到透明，那是因为过去在阳光下工作占人类的大部分，现在变成小部分了，即使是在有光的日子，推窗究竟看到的是什么颜色呢？

我常在都市热闹的街路上散步，有时走过长长的一条路，找不到一根小草，有时一年看不到一只蝴蝶；这时我终于知道：我们心里的小草有时候是黑的，而在繁屋的每一面窗中，埋藏了无数苍白没有血色的蝴蝶。

光之香

我遇见一位年轻的农夫，在南方一个充满阳光的小镇。

那时是春末了，一期稻作刚刚收成，春日阳光的金线如雨倾盆地泼在温暖的土地上，牵牛花在篱笆上缠绵盛开，苦苓树上鸟雀追逐，竹林里的笋子正纷纷涨破土地。细心地想着植物突破土地，在阳光下成长的声音，真是人间里非常幸福的感觉。

农夫和我坐在稻埕旁边，稻子已经铺平张开在场上。由于阳光的照射，稻埕闪耀着金色的光泽，农夫的皮肤染了一种强悍的铜色。我在农夫家作客，刚刚是我们一起把谷包的稻子倒出来，用犁耙推平的，也不是推平，是推成小小山脉一般，一条棱线接着一条棱线，这样可以让山脉两边的稻谷同时接受阳光的照射，似乎几千年来就是这样晒谷子，因为等到阳光晒过，八爪耙把棱线推进原来的谷底，则稻谷翻身，原来埋在里面的谷子全翻到向阳的一面来——这样晒谷比平面有效而均衡，简直是一种阴阳的哲学了。

农夫用斗笠一扇着脸上的汗珠，转过脸来对我说："你深呼吸看看。"

我深深地吸了一口气，缓缓吐出。

他说："你吸到什么没有？"

我吸到的是稻子的气味，有一点香。我说。

他开颜地笑了，说："这不是稻子的气味，是阳光的香味。"

"阳光的香味？"我不解地望着他。

那年轻的农夫领着我走到稻埕中间，伸手抓起一把向阳一面的谷子，叫我用力地嗅，那时稻子成熟的香气整个扑进我的胸腔，然后，他抓起一把向阴的埋在内部的谷子让我嗅，却是没有香味了。这个实验让我深深地吃惊，感觉到阳光的神奇，究竟为什么只有晒到阳光的谷子才有香味呢？年轻的农夫说他也不知道，是偶然在翻稻谷晒太阳时发现的，那时他还是大学生，暑假偶尔帮忙农作，想象着都市里多彩多姿的生活，自从晒谷时发现了阳光的香味，竟使他下决心要留在家乡。我们坐在稻埕边，漫无边际地谈起阳光的香味来，然后我几乎闻到了幼时刚晒干的衣服上的味道，新晒的棉被、新晒的书画，光的香气就那样淡淡地从童年中流泻出来。自从有了烘干机，那种衣香就消失在记忆里，从未想过竟是阳光的关系。

农夫自有他的哲学，他说："你们都市人可不要小看阳光，有阳光的时候，空气的味道都是不同的。就说花香好了，你有没有分辨过阳光下的花与屋里的花，香气不同呢？"

我说："那夜来香、昙花香又作何解呢？"

他笑得更得意了："那是一种阴香，没有壮怀的。"

我便那样坐在稻埕边，一再地深呼吸，希望能细细品味阳光的香气，看我那样正经庄重，农夫说："其实不必深呼吸也可以闻到，只是你的嗅觉在都市里退化了。"

光之味

在澎湖访问的时候，我常在路边看渔民晒鱿鱼，发现晒鱿鱼有两种方式：一种是把鱿鱼放在水泥地上，隔一段时间就翻过身来。在没有水泥地的土地，为了怕蒸起的水汽，渔民把鱿鱼像旗子一样，一面面挂在架起的竹竿上——这种景观是在澎湖、兰屿随处可见的，有的台湾沿海也看得见。

有一次，一位渔民请我吃饭，桌子上就有两盘鱿鱼，一盘是新鲜的刚从海里捕到的，一盘是阳光晒干以后，用水泡发，再拿来煮的。渔民告诉我，鱿鱼不同于其他的鱼，其他的鱼当然是新鲜的最好，鱿鱼则非经过阳光烤炙，不会显出它的味道来。我仔细地吃起鱿鱼，发现新鲜虽脆，却不像晒干的那样有味、有劲。为什么这样，真是没什么道理。难道阳光真有那样大的力量吗?

渔民见我不信，捞起一碗鱼翅汤给我，说："你看这鱼翅好了，新鲜的鱼翅，卖不到什么价钱的，因为一点也不好吃，只有晒干的鱼翅才珍贵，因为香味百倍。"

为什么鱿鱼、鱼翅经过阳光暴晒以后会特别好吃呢?确是不可思议，其实不必说那么远，就是一只乌鱼子，干的乌鱼子价钱何止是新鲜乌鱼卵的十倍?

后来我在各地旅行的时候，特别留意这个问题。有一次在南投竹山吃东坡肉油焖笋尖，差一点没有吞下盘子。主人说那是今年的阳光特别好，晒出了最好吃的笋干，阳光差的时候，笋干也显不出它的美味，嫩笋虽自有它的鲜美，经过阳光，却完全不同了。

对鱿鱼、鱼翅、乌鱼子、笋干等等，阳光的功能不仅让它干燥、耐于久藏，也仿若穿透它，把气味凝聚起来，使它发散不同味道。我们走入南货行里所闻到的干货聚集的味道，我们走进中药铺子扑鼻而来的草香、药香，在从前，无一不是经由阳光凝结的。现在有无须阳光的干燥方法，据说味道也不如从前了。一位老中医师向我描述从前"当归"的味道，说如今怎样熬炼也不如昔日，我没有吃过旧日当归，不知其味，但这样说，让我感觉现今的阳光也不像古时有味了。

不久前，我到一个产制茶叶的地方，茶农对我说，好天气采摘的茶叶与阴天采摘的，烘焙出来的茶就是不同。同是一株茶，春茶与冬茶也全然两样，则似乎一天与一天的阳光味觉不同，一季与一季的阳光更天差地别了，而它的先决条件，就是要具备一只敏感的舌头。不管在什么时代，总有一些人具备好的舌头，能辨别阳光的壮烈与阴柔——阳光那时刻像是一碟精心调制的小菜，差一些些，在食家的口中已自有高下了。

这样想，使我悲哀，因为盘中的阳光之味在时代的进程中似乎日渐清淡起来。

光之触

八月的时候，我在埃及，沿着尼罗河自北向南，从开罗逆流而溯。一直往卢克索、帝王谷、亚斯文诸地经过。那是埃及最热的天气，晒两天，就能让人换过一层皮肤。

由于埃及阳光可怕的热度，我特别留心到当地人的穿戴，北非各地，夏天的衣着也是一袭长袍长袖的服装，甚至头脸全包扎起来。我问一位埃及人："为什么太阳这么大，你们不穿短袖的衣服，反而把全身包扎起来呢?"他的回答很妙："因为太阳实在太大，短袖长袖同样热，长袖反而可以保护皮肤。"

在埃及八天的旅行，我在亚斯文旅店洗浴时，发现皮肤一层一层地凋落，如同干去的黄叶。埃及经验使我真实感受到阳光的威力，它不只是烧灼着人，甚至是刺痛、鞭打、揉搓着人的肌肤，阳光热烘烘地把我推进一个不可回避的地方，每一秒的照射都能真实地感应。

后来到了希腊，在爱琴海滨，阳光也从埃及那种磅礴波澜里进入一个细致的形式，虽然同样强烈地包围着我们。海风一吹，阳光在四周汹涌，有浪大与浪小的时候，我感觉希腊的阳光像水一样推涌着，好像手指的按摩。

再来是意大利，阳光像极文艺复兴时代米开朗琪罗的雕像，开朗、强壮，但给人一种美学的感应，那时阳光是轻拍着人的一双手，让我们面对艺术时真切地清醒着。

到了中欧诸国，阳光简直成为慈和温柔的怀抱，拥抱着我们。我感到相当的惊异，因为同是八月盛暑，阳光竟有着种种变化的触觉：或狂野，或壮朗，或温和，或柔腻，变化万千，加以欧洲空气的干燥，更触觉到阳光直接的照射。

那种触觉简直不只是肌肤的，也是心灵的，我想起中国的一个寓言：

有一个瞎子，从来没有见过太阳。有一天他问一个好眼睛的人："太阳是什么样子呢?"

那人告诉他："太阳的样子像个铜盘。"

瞎子敲了敲铜盘，记住了铜盘的声音。过了几天，他听见敲钟的声音，以为那就是太阳了。

后来又有一个好眼睛的人告诉他："太阳是会发光的，就像蜡烛一样。"

瞎子摸摸蜡烛，认出了蜡烛的形式，又过了几天，他摸到一支箫，以为这就是太阳了。

他一直无法搞清太阳是什么样子。

瞎子永远不能看见太阳的样子，自然是可悲的，但幸而瞎子同样能有阳光的触觉。寓言里只有手的触觉，而没有心灵的触觉，失去这种触觉，就是好眼睛的人，也不能真正知道太阳的。

冬天的时候，我坐在阳台上晒太阳，同一个下午的太阳，我们能感觉到每一刻的触觉都不一样，有时温暖得让人想脱去棉衫，有时一片云飘过，又冷得令人战栗。晒太阳的时候，我觉得阳光虽大，它却是活的，是宇宙大心灵的证明，我想只要真正地面对过阳光，人就不会觉得自己是神，是万物之主宰。

只要晒过太阳，也会知道，冬天里的阳光是向着我们，但走远了，夏天则又逼近，不管什么时刻，我们都触及了它的存在。

记得梭罗在瓦尔登湖畔，清晨吸到新鲜空气，希望将那空气用瓶子装起，卖给那些迟起的人。我在晒太阳时则想，是不是有一种瓶子可以装满阳光，卖给那些没有晒过太阳的人呢?

每一天出门的时候，我们对阳光有没有触觉呢?如果没有，我们的感官能力正在消失，因为当一个人对阳光竟能无感，如果说他能对花鸟虫鱼、草木山河有观，都是自欺欺人的了。

赏读

光是什么样子的？在日常生活中，我们似乎从来没有思考过这个问题，也没有必要思考这个问题。我们只知道，太阳是一个大光源，我们的生活离不开阳光……物理学家会告诉我们，光是由光子这一基本粒子组成的，人的眼睛可以看到的一种电磁波。但这个概念离我们的日常生活太远了。光到底是什么呢？读过林清玄的《光之四书》，我们会有柳暗花明的感觉。在文中，林清玄分别从视觉、嗅觉、味觉、触觉四种感官的角度对光进行了细腻深刻的描写，把被我们漠视的光展现得完满而又细致，为我们开启了一扇了解光、感恩光的窗子。

林清玄出生于台湾高雄农村，长年乡村生活的耳濡目染，使他与大自然有一种莫名的亲近感。在他的笔下，自然万物都具有生命和感情，至于《光之四书》中的阳光，不仅色香味俱全，而且还可以触摸。晒了阳光的谷子就格外香，晒了阳光的鱿鱼就格外鲜。更有意思的是，在他的眼中，阳光还有狂野、温和、柔腻的区分，多么神奇的阳光！这些似乎是我们平时不曾发现的。然而作者却告诉我们这并不神奇，只是“你的嗅觉在都市里退化了”，“盘中的阳光之味在时代的进程中似乎日渐清淡起来”，“只有手的触觉，而没有心灵的触觉”。

是的，作者的创作意图并不仅仅只是呈现被遮蔽的阳光，而是要揭示现代文明所带来的人的自然感知力的退化。电灯、烘干机等现代发明，给人类带来方便的同时，却堂而皇之地取代了阳光的位置。现代人在文明成果的包围下，渐渐丧失了对太阳的感觉。“谁还在乎有没有阳光呢?”然而，作者是在乎的。于是，作者像扛着一架摄像机，有选择地摄取各种镜头：灯光下的蓝苹果、日光下稻子成熟的香气、日晒后食物的美味……“只要真正地面对过阳光，人就不会觉得自己是神，是万物之主宰。”一语道破了现代文明的狂妄。林清玄以一贯清澈澄明的心境于质朴无华的文字中传达出淡淡的伤感，以表现与自然隔离的现代文明的负面效应。作者的情感犹如无波之湖中偶投一块小石而微微泛起的涟漪，静而不死、动而不喧，生机内蕴，让疲惫不堪而感官能力逐渐丧失的现代都市人得到一丝心灵的慰藉。

值得关注的是，佛教文化的背景，使林清玄的散文具有独特的审美价值和意义，虚实相间，而又和谐统一，和佛教经典中“空”与“无”的哲学一脉相承。他用高超的艺术技巧，在散文中化实为虚，化虚为实，把生活中原本虚幻之物描摹得如诗如画，具有生命的质感，放射出温暖心灵的明澄之光。在这方面的代表作，当推《光之四书》《日光五书》《金色印象》等。《光之四书》分为“光之色”“光之香”“光之味”“光之触”。光，原本是难以用文字描摹的虚幻之物，但在林清玄独特的审美眼光观照下，它们具有了色彩、气味、触觉，把自然存在的光上升到艺术的高度来认识。他要解读的不是常态的阳光，而是阳光以外的真实，要揭示阳光和艺术创造的神秘关系。艺术家对阳光仿佛都有着奇异的视野，所以马蒂斯画出了蓝色的向日葵，毕加索画出了红色的人体，夏加尔画出了绿色的脸，而文学家笔下大多不爱写阳光下的心情，而是偏爱日暮、黄昏、斜阳、落日，爱写“枯藤老树昏鸦，小桥流水人家，古道西风瘦马。夕阳西下，断肠人在天涯”。因为日暮之色才能带给人忧思和怅惘，而“有阳光的天色，是给人工作的，不是给人艺术的，不是给人联想和忧思的”（林清玄语）。他认为，在大自然的怀抱里，阳光的香味和人的心灵密切相关。林清玄没有重复中国文人写忧思怅惘的老路。他推崇的是用心灵去触摸、感知阳光，体味阳光的美妙。他对现代社会人的知觉、味觉的丧失，有着隐隐的担忧。科技的发达带给社会物质文明的进步，但同时也在消解着人与自然的密切关系。艺术和生活正在背叛阳光的原色，都市人连嗅觉都在一天天退化，要保持对阳光的色、香、味、触的纯真感觉，首先要有纯真的心灵。

作品

薄暮时分的杉树林[1]

杨　键

那里是一片片安谧的杉树叶，
那是历代游子的心。
那里逝去的一天天都静止了，
那里的安宁来自天上。
一条小径在树荫下伸展，
通向薄暮中的流水。
古代沉睡的智慧从那里苏醒，
死去的亲人，从那里回来。

① 选自《杨键诗选》（长江文艺出版社 2015 年版）。杨键，生于 1967 年，安徽马鞍山人，著有诗集《暮晚》等。

赏读

杨键诗歌的意象是简单平实的，也没有奇诡的词汇，但杨键能够让修饰语对中心词形成新奇的干预。这种干预也是平实的，在诗歌终结的最后一个乐章，潜藏在诗歌背后的诗人情绪必然会荡开，并弥漫在整首诗的书写过程中，成为一种氛围和背景。杨键在一个喧闹时代所选取的独特生活方式，和他沉静舒缓的书写语调，证明在灵魂家园的寻觅方面，他是已经有自己答案的诗人。因此，他的诗歌较少进入世俗视野，以至于较长时间为文学史所忽略。但是，读过他的诗歌的读者，会被其中安然宁静的情绪，以及入世的大乘佛教的胸怀和干预感所震撼。杨键并没有将宣教的意识弥漫在诗歌中，他较好地处理了灵魂家园与诗歌美学之间的关系，使二者保持着极为恰当的艺术间距，这使他的诗歌有着无限的书写空间。

杨键诗中的抒情主体大多具有佛性，这种佛性体现为对众生及自我灵魂的悲悯和对世事无常的感受。这自然使他的诗歌美学有浓重的禅意倾向。但在对众生与下界的悲悯所具有的哀伤意识与顿悟的禅性之间，杨键显然是以哀伤为重、禅意为辅，这样的风格构成了他诗歌美学的主要特征。

有人说，杨键是一个可以称之为“诗人的诗人”的作家，他以“幽愤、旷达”的“儒”之气节，也即以这样一种水之气魄，说出了“自由市场”经济的现代工业是如何摧毁了江南的美。面对所谓“现代化”的进程，他当然有一股要冒犯世俗苍生的勇气，而这种勇气，我更乐意称之为另一种波德莱尔式的反现代性的现代性勇气。杨键已被命运所注定仿佛冥冥之中，他被神选中了，要让他来完成一项工作，那便是见证并在绝望中呼唤着一个死去的古典江南。他的主体修养、自我文化感知和审美境界，已经在一种独特的生存状态中被固形化，而言语的载体和观感在他的表述中永远居于下方。他的每次诗歌历程的完成，都是对言语主体经验的点燃过程。

作品

森　林[①]

李　娟

我们在森林里循着声音找到一只啄木鸟。

森林里荡漾的气息是海的气息——亿万支澎湃的细流汇成了它的平静与沉寂。我们走在其中，根本是陷在其中，上不见天日，下不辨东西；此间万物都在被压抑，都在挣扎，在爆发，在有光线的地方纷纷伸出手臂，在最暗处纷纷倒下。脚下厚厚的苔藓浓裹的汁水，是这空间中所有透明黏稠的事物一层一层液化下来的沉淀。我踩上去一脚，瞬间陷入深渊。

这森林，用一个没有尽头的地方等候着我们。隔着千重枝叶，目不转睛地注视我们的一举一动。我们迷路了，我们背靠着一棵巨大的朽木喘息。然后安静，直到沉静。森林开始用一分钟向我们展示一万年。我们站起身继续向前。忽有遥远的叩门声如心脏搏动般一声声传来，并且一声声让一切沉下去，寂下去。我们回头望向那处，仓促间绊了一跤，等踉跄着站起身

① 选自《我的阿勒泰》（云南人民出版社 2010 年版）。李娟，女，生于 1979 年，新疆伊犁人，著有散文集《我的阿勒泰》《九篇雪》等。

来，恍恍惚惚什么都乱了——血脉搏动与视线混淆在一起，触觉与味觉难舍难分，疼痛逼入了呼吸。我们想哭出声来，结果却是迈出了一步……回忆与狂想缭绕着手指，攀行与摸索一寸一寸蚁动在腑脏……不能停止，不能左右自己。巨大的孤独从我们的脸庞抚摸到心灵——我看着这森林，惧骇它的深处全是忧伤。我想到了故乡，又想起了其实我没有故乡……我们这是闯入了谁的命运？陷入了谁的痛苦……环顾四周，发现这四下里居然只剩我一人，不知什么时候走散了。

我大声喊着妈妈。我的声音四处穿梭，寻找，再空空地回来。回到我面前问我："妈妈?"我跑了起来，躬着身子，在枝条下、灌木丛中飞快穿行。头发和裸露的手臂被挂痛的感觉从远处暧昧不清地传来。那痛感更像是谁呶着嘴唇向脑子里呵气。我加快了步子。我已经想象到自己四肢布满伤痕地走出森林的情景——那时阳光普照，我却丢失了我的母亲……我扒开一丛灌木跳下去。爬起来，一抬头，妈妈正站在不远的空地上，看着我，竖一根食指在唇前。

在很久很久以前，我们就曾渴望有一天能够找到这森林的精灵。但是我们知道，在很久很久以后，我们仍然还得这样平凡地生活——当我们站在河边的沼泽上，遥望横亘在眼前的蓝绿色森林蜿蜒到天边。

我们湿漉漉地走出森林，像是从大海中被浪潮推上沙滩。我们筋疲力尽。我们最爱的那首歌，那首热烈、高亢、激越的歌，它什么也没能点燃，它一出口便被打得湿透，一句一句沉重，一句一句坠落。我们唱出一句，就忍不住泪水长流。妈妈……我们的歌声多么单薄，而世界多么强大……这森林是火焰与海洋交汇的产物，是被天空抛弃的那一部分——当火焰与海洋交汇，排山倒海，激烈壮阔，相互毁灭。天空便清悠悠地冉冉升起，以音乐的神情静止在我们抬头终日寻找的地方。

我们再说这森林。说了海洋又说火焰，唯独没有说这森林中一棵平凡的树木。于是我们离开时，它便在我们身后轰然倒塌。妈妈……这是这森林所能制造出的最大声响。这一声响彻山野后，剩下更为广袤的寂静。这一声不同于山风林籁的任何一声，这一声只喊一声，终生只喊一声。这一声之后，广袤的寂静中回荡"笃、笃、笃"叩门的声音。妈妈，那又是哪一棵树呢?我们找不到。我们找到的时候，森林将它的咫尺之遥隐藏到千里之外。

我们在森林里目送一只啄木鸟远去。

赏读

李娟的特殊，很难清楚地说出，很难准确地捕捉，她的文笔是那样自然、平易，而时时有许多轻逸绝尘的感悟，又出之以明亮的底色，形成一个壮阔、透明的境界，而在这个辽阔澄明的世界中，也会有轻烟霭霭、林木森森、高峰耸立、荒草迷径等层层境界，但都不沾阴暗湫湿的气息。应该说，李娟的散文，得大西北之灵气，非常善于写开阔旷远的境界、别人意想不到的境界，在她笔下不经意间就流泻出来那种特殊的气息，除了归为天地所养，很难找到其他的传承。

毫无疑问，李娟的散文，是从阿勒泰的泥土里生长出来的，有着自身的生长周期与生命向度。她的散文有一种广阔的品格，一种在大西北的戈壁、草原、土地上自然会产生的广阔——未曾体验过这种广阔的人们，真的是需要亲身体验过才能感受到这种品格。这种广阔不光是一种审美上的经验，更指涉着在与世界打交道的方式上现代人与古人的一个重大区别：古人在日常生活中，经常不用太刻意，便能看到浩瀚璀璨的星空，星空曾经是他们的世界的一部分，所以他们会经常想到那些广阔、高远、深刻、基本的事情，也因此心怀感激与谦卑，愿意领受世界的馈赠与神秘，而非对之进行征服——缺失了这类经验和这些品格的现代人，是多么遗憾啊，而也正因为这种缺失，所以才有人的傲慢与自大，以不加节制的欲望，摧残、破坏与征服……人与世界的紧张关系，非但是现代文学中大多数作家的品格，更是现代性的基本品格。她写森林，犹如海洋，犹如火焰，写的便是天地之间生命的力量的壮阔无边："森林里荡漾的气息是海的气息——亿万支澎湃的细流汇成了它的平静与沉寂。""只有森林蕴藏着熊熊燃烧的火焰，只有森林是天地间最饥渴、最庞大的火种。""这森林是火焰与海洋交汇的产物，是被天空抛弃的那一部分——当火焰与海洋交汇，排山倒海，激烈壮阔，相互毁灭。天空便清悠悠地冉冉升起，以音乐的神情静止在我们抬头终日寻找的地方。"

李娟之于阿勒泰，从未有过真正意义上的远离。阿勒泰既是她的成长背景，也是她的精神背景。我们甚至可以说，阿勒泰是李娟写作的全部。她的作品，表面上是跳跃恣肆的有落差的河流，内心里却是宁静而芳香四溢的花园；乍一看颇有些兴之所至的随意挥洒，仔细一读却又相当节制。我们在阅读中清晰地看见，李娟总是忠实地对生活进行着没有倦意的耐心细致的描绘。她所记录的生活、叙述的故事，总能将人深深吸引，然后叫人深受启迪。李娟的散文很细，将最细枝末节的生活用她天才般的语言及叙述方式一览无余地展现在我们眼前。那都是一些最平凡、最琐碎、最最让我们忽略的事情，然而在她的笔下，却都是风生水起，有滋有味，可谓妙笔生花，微言大义。她确乎有化平淡为神奇的魔力，有着超乎寻常的驾驭寻常细碎生活的能力，她是一个天才般的叙述者。……她对画面感的准确把握力度是惊人的，她可以把她所看见的画面形象传神地用文字描述出来，她可以把生活中我们难以言说和那些叙述不出来的细节、瞬间的感受，毫不费力地表达出来，把她所看、所听、所闻、所触、所感、所思的一切事物，以一种新奇的言说方式说给我们听。让人惊诧的是，她怎么就能把那种微妙的难以言表的事情叙述得那么天衣无缝，叙述得那样合情合理？

作品

喀纳斯[1]

黄礼孩

雪与光交织，水的传诵充盈清洁的冷意
提供远景的是燕子的剪影，像撩人的黑蝴蝶
生活常出现时差，动物与我素昧平生，各自呼吸
但临终的植物充满诱惑，它们有最后的秩序和美
风是它过往的痕迹，梦被关在门外，不再回来
所有的事物，幸存下来的，配得上它的苦难
它不欠命运什么，也不反抗时间，它安静地存在着
我们不需要把别处的东西带给喀纳斯
它是苍穹和沃土，包括眼前这一片死寂的雪原
它是自己的太阳，没有义务等待谁才升起

① 选自《谁跑得比闪电还快（诗集）》（花城出版社 2015 年版）。黄礼孩，生于 1975 年，广东徐闻人，出版诗集《我对命运所知甚少》等。

赏读

在黄礼孩的诗歌之中，人们几乎找不到与自然界完全脱钩的事物，而这些事物往往又是最稀松平常的。

按常理来说，反复书写这些已在阅读过程中形成了自动联想效应的意象是诗歌创作的大忌，但黄礼孩依然敢冒天下之大不韪，坚持自我的美学理念，以最简洁的笔触和意象描摹出了一幅幅在现代社会似乎已然逝去的纯美图景。自然事物在黄礼孩诗歌里并不是以配角的方式偶尔到场，恰恰相反，他赋予自然以一副鲜明、活泼的面影，并且带上了专属于诗人的专注。从某种意义上讲，黄礼孩可能以他的天性和审美的直觉接续了一个传统，他使“自然”重新成为“诗意的”。

黄礼孩笔下的自然风景其个性色彩是非常鲜明的。这首先表现在对于风景的捕捉表现了某种纤细敏锐的感觉，它们是一个心细如发的诗人从自然中采撷回来的美。自然之中那些难以被人觉察的细微之美总是在诗中得到极好的传达，这当然也可以说是现代诗人比之于古典诗人的长处，而黄礼孩很好地发展了这些长处。

自然之所以成为黄礼孩诗歌中的永恒主题，和他具有的农村背景是分不开的。他生于中国大陆最南端的徐闻县，由于求学和工作，背井离乡来到广州，对故乡和土地的怀恋，始终在诗人内心纠缠缱绻：“是的，无论这片土地给我们的是幸福或者苦难，我们都要欣然接纳，我们要去重新建立起与土地与自然新的关系，这是作为一个人的义务。”（黄礼孩《土地是我们最初和最后的爱》）

当然，诗人在诗中也非常灵巧地安置了他的“思”，在一首诗的片段，甚至在一个富有张力的句子中，我们随时看到“思”的存在。这些“思”是对于存在的领悟，对于人生的领悟。在他看来，自然生态总是和人性善的一面紧密地联系在一起，其二者总是处在一种互相拥抱、互相包容的生态整体之内。这使得诗人的诗显示出越来越丰富的层次和含义。

有人说，黄礼孩的诗歌表现出对诗歌神圣性的诉求，对绝对精神的信仰。正是怀着对于诗歌这种宗教般的信念，黄礼孩在不少诗作中以颂歌的方式抒发了一名诗歌信徒的决心与信念，在有关良知、承担、意义等终极性追问与思考中，呈现了一名与世俗名利隔绝的朝圣者的书写伦理。在黄礼孩诸多明亮纯粹的诗作中，我们不难看见基督精神与诗人之间的隐秘联系，这种联系不仅凸显在诗句中有关“天国”“教堂”“赎罪”“感恩”“福音”等反复出现的圣诗式的语汇里，也呈现为他诗歌世界所弥漫的神性诉求，那些轻灵干净的诗歌永远弥漫着一种超越当下，与天国、诸神有关的心灵光线，成为回荡着爱与赞美的圣歌。

话题探究

1. 在《山水（后记）》中，冯至写道：“我是怎样爱慕那些还没有被人类的历史所点染过的自然”，请结合上下文谈谈你对这句话的理解。

2. 在《光之四书》中，林清玄写道：“自从有了烘干机，那种衣香就消失在记忆里”，请结合你的生活，谈谈阳光是否也淡出了你的经验范围？对此，你怎么看？

3. 同样是写新疆的自然风物，《森林》和《黄沙梁》在立意、选材和艺术风格上有何不同？

4.《薄暮时分的杉树林》和《喀纳斯》是两首篇幅短小、文字精练的诗歌作品，但其中包含无限的时空意识和深刻的自然观念，请结合文本对此加以分析。

聆听『他者』

导读

“聆听他者”这一部分期待引导我们以平等的姿态，以倾听的方式来欣赏、理解作为异类的动物，乃至以动物为镜，从中观看人类社会的实相，如此不仅可对人类中心主义进行有力的纠偏，而且可借他者之镜对自我进行重新观看与反思。

可以说，人该如何看待动物，如何与动物相处，乃至如何欣赏动物、以动物为鉴，是当今社会一个有争议的话题。曾经，作为动物的他者，往往成为人类所规训、所借助的外物，在号为长雄的自诩下，人类以为万物该为己所驱使，人类中心主义日益膨胀，从而才会一而再地出现诸多珍稀动物因人类猎杀而濒于灭绝的困境。人类中心主义思想印之于文，动物形象的书写与传播也多成为人类道德诉求、情感需要的被动受体，成为平面化、边缘化的惯性符号。书写者多对动物予以一种居高临下的俯视，从利己的角度出发来定义动物，凡是对己有利的则加以褒扬，难以规训的则加以贬斥，从而遮蔽了动物的本质特性，如自古对难以驯服的豺狼的贬义化的叙说便可为一证。

长期以来的偏见与盲视造成了动物书写的平面化与标签化，这一书写遮蔽随着生态理念的发展、反思精神的张扬正逐渐发生变化，俯身欣赏、理解作为异类的动物他者并以他者为镜成为不少警觉而自省的当代作家共同的书写向度。他们一反人类与动物二元对立的思维模式，意识到人与动物不再是控制与反控制、驯服与被驯服的对立关系，而是惺惺相惜、命运相互激荡的交流体。面对自由翱翔的飞鸟、特立独行的猪、矫健英俊的骏马，当代作者们割断了人类与动物有高下之别的惯性准绳，而将它们视为独立、对等的生命个体。“像体验自己的欢乐、忧虑和痛苦一样去体验他人的一切。”（《敬畏生命》阿尔贝特·施韦泽著）从真诚的体验中，当代作家从动物他者那里学会了欣赏与感恩，并体悟到了精彩绝伦的精神之壮、品格之美；从谦卑的俯身倾听中，动物宛然为精神圆融的独立个体，以其流动的生命向人类叙说着它们的追求与快乐、责任与痛苦。在此，动物成为人格化的审美主体，它们在当代作家笔下获得了与人类同等地位的命运书写。不仅如此，对动物的俯身聆听还让我们得以跳出思维僵化的藩篱，将动物他者视为一面足以反观自我、击打自我的有效镜子。《一只特立独行的猪》中桀骜不驯的猪兄弟照见了"对被设置的生活安之若素的人"的庸常与懦弱；《蚁国之镜》中完全地无视个体而发展并强盛的蚁国有如对人类社会发出的一个触目惊心的警示；动物他者的生存状态与行动法则成为悬置于人类对面的镜子，它让悉心观看者望见了人类的诸种故事，得到了无尽的启示。

作品

鸟群

——五重奏（节选）[①]

周晓枫

A 部

只要有土地，就会有千姿百态的生命，土地是最伟大的魔术师。让人不能忽略的是，正是鸟类带来植物的种粒，展开最初的繁荣。鸟是灵异之物，有别于其他，鸟持有某种神秘的身份：它创造，它飞翔，它用歌唱的方式说话，它是唯一能摹仿人类语言的生灵，如果愿意，它的旅迹可以横贯地球的两极——鸟是神的拟态。人们想象中的天使，就是根据人与鸟的结合形象设计而出。

鸟是天堂撒下的花籽。流浪的鸟，会让任何一棵树享有新娘的光荣。微风过处，它们隐身在很低的草间；瞬间穿越乱密的枝条，确定通畅的航道，并且不影响飞行的速度；树叶茂盛，在这绿色的宫殿中，精灵们在错杂的阶梯间弹跳，孩子一

① 选自散文集《鸟群》（云南人民出版社 2000 年版）。周晓枫，女，生于 1969 年，北京人，出版有散文集《上帝的隐语》《鸟群》。

样的天真；夏日的正午，鸟儿疾速飞过，投射下来一小片清凉的暗影，这些细碎的斑点在大地上跳动——我听得见那好听的声音。

动物的行动大约有爬、走、游、飞几种方式。爬有失身份，上帝曾以此作为对蛇的长期刑罚。平凡的走，反映出世间的庸常倾向和从众心理。游大多受到外界环境的制约，看着鱼单调的生活不觉得有什么长久的乐趣，进而看出鱼鳃的鼓合似也在模仿扇翅的动作。只有飞最自由。

据说，两亿年前，昆虫是地球上唯一会飞的动物。这非凡的本领后来被鸟所超越。鸟类的技术显然更娴熟，方式也更为崇高，相比之下，除了蜻蜓和蝴蝶等有限的几种，其他虫类所谓的飞，更像是奇异的跳高或跳远方式。因为飞，鸟的视角比别的动物都要高远。并且，鸟中最普通的野鸭都既会飞，又会走，还可以游——它们才称得上见过大世面。

我小时幻想的超凡技能唯有飞，甚至有一段时间，每个夜晚我都在黑暗中偷偷练习，幼稚而徒劳地挥动双臂，以为经过不懈的努力，小小的胳膊也可以终有一日飞动起来。我还不明白有些愿望终生无效，有些幻想存在的目的，只是为了映照出现实生活的窘态。直至成年以后的睡眠中，我依然会梦到自己悬浮于空中，算是对早年寂寞理想的呼应。

鸟在头顶，注定要我仰视。

我对鸟抱有永久的惊奇，它们令我感慨于造物的精巧安排：啄木鸟每天在坚硬的树干上敲呀敲的，却不会得脑震荡；仙鹤穿着细黑的高筒靴子，不怕站在寒冷的雪地上；鹈鹕松弛的下嘴唇，松鸦严谨的八字胡；黑鹭的蝙蝠侠斗篷，企鹅的黑白晚礼服……

它们的声音怎样打动我的心肠，花腔的情歌，押韵的诗诵，战斗时的号角，将死前的叹息……在我看来，甚至靓女故作港台腔“哇”的惊叹之声，也不若乌鸦来得爽直。

除了风格迥异的鸣啭方式，它们还有各自独特的飞翔节奏，或高或低，或收或展：海鸥的圆舞，佛法僧的弧步，雨燕的华尔兹，大雁的集体舞……鸟优美地起伏身体，天空中充满生动的舞蹈。

鸟有留鸟和候鸟之分。我们的身边，有些是此地的永久居民，有些只是匆匆过客。

候鸟整整歌唱了春夏两个季节，现在它们就要赶上秋天的末班车走了。这些阳光与花朵的忠实信徒，这些充满无限诗情的浪漫主义者，这些不畏艰险的伟大旅行家，一年一度，就要踏上遥遥的征程。作家这样羡慕着鸟的迁徙习性："野鹅比起我们更加国际化，它们在加拿大用早饭，在俄亥俄州吃中饭，夜间到南方的河湾上去修饰自己的羽毛。"候鸟的一生中充满对未知远方的好奇，和不断更改生活的勇气。

候鸟有着准确的潮汐规律，偏心的神把时序的秘密偷偷泄露给它们。冬天里的人们，不要丧失对温暖的信仰，抬头凝望寂旷的天空吧：候鸟终将飞来，这些忠诚的纤夫，将再一次把巨大的春天拉回。

当秋天的潮水退去，就像沙滩上留下了贝壳，留鸟驻守在它正在降温的祖国。天灰暗下来，就要下雪了，那些冬天的传单正在抓紧印制。

雪是大自然进行的一项残酷的游戏，它以优美的方式藏起了鸟儿们基本的口粮，如同藏起一件随意的玩具——然而，找寻失败的鸟儿将输掉性命。辽阔的雪野标明了小动物们广泛的受灾面积，饥寒交迫中，弱小的生命能贮有多少抗争的能量？对于拒绝移民的留鸟，生活提出了艰难得近于苛刻的要求，它们在近于赤贫的土地上，寻找着极为有限的供给——我看到枯干尖硬的槐荚，滑过喜鹊焦急的喉咙。

不仅只在春日欢宴，鸟儿才会放声歌唱，冬天的寂静中，我们也可以听到鸟鸣，好像是它们在贫苦中的宣言——我明白一个人藏在诺言里的力量是如何被坚持着。

B 部

可能我们对鸟存在很多曲解，比如猫头鹰的"睁一只眼闭一只眼"，本是警戒的手段，我们却理解为明哲保身的松弛态度。但可以肯定的是，鸟无疑在众多方面为我们提供着美德的范本。

鸟类中有九成是一夫一妻制，而哺乳动物中能坚持这份贞洁的，只有百分之三。

秋晴里雁群飞过，它们拥有良好的个人素质和集体自律，暴风雨也不能破坏它们整齐的阵形。加拿大雁迁徙时要长途飞越，途中基本不进食，但要经常寻找水源来清洗羽毛。显然，其中象征了高尚的自洁品德。

动物园的科学长廊这样介绍着：一只猫头鹰一夏可吃掉田鼠 1 000 多只，保护粮食 2 000 多斤；在树林中过冬的害虫有 95% 被啄木鸟等益鸟吃掉——人类的生活被许多天使细心地保卫着。

鸟儿落满枝条，就像圣诞树上挂满了礼物。《圣经》中讲到圣芳济可以以爱心召唤鸟群，教堂的彩绘玻璃上生动描画着这一美妙图景——但这是止于宗教叙述中的温情。

虽然大多数人宣称，鸟在天性上就不信赖人，我却坚持认为，这并非由于对人的偏见，乃是出自致命的经验。

1963年，希区柯克拍摄了《鸟》，这是电影史上第一部灾难片，它表现了鸟类令人惊恐的攻袭能力。艺术的夸张，反映的恰是生活的反面。鸟从来没有这样正义地反攻过，它们只是采取了回避这一冷调的拒绝方式——对比人类犯下的滔天罪行，它们已极大地克制了内心的蔑视和愤怒。

鸟啊，天空的箭，短暂的降落不过是为把自己再一次搭在弦上。一般情况下，我们很少在地面上发现鸟尸，我小时把云朵想象为游动的墓床，里面收藏着亡鸟神秘的灵魂。但是，子弹的射程改变了这诗意的一切。

罪恶是从谋杀天使开始的。人类有多么忘恩负义，连残暴的鳄鱼都张开嘴，放走为它清理口腔的小鸟医生。而地球上五十亿个人，五十亿张嘴，五十亿口可能的陷阱。从食道到胃囊，这是到达死亡的最近路程，我热爱的小鸟们永远不能折返。

人在动物界有着一致的恶劣口碑，也许正因此，才被开除出动物籍。乌鸦可以吃数百种食物，数字和人对比相形见绌。人这个不加选择的杂食家伙，胃袋和脑袋一样发达，就像一只随身携带的垃圾袋。并且，人类还有一个可鄙的习惯，以吃过食物的种类和价钱，来体现他的身份。如果说原始捕猎过程存在很多危险，先民吃掉猎物还可以表现征服中的力量、勇气和智慧，那么现在，那些“见多识广”的饕餮，只剩下无知可供展览了。

不胜枚举的暴行，损毁着人性本应有的温情。有一种名叫“圃”的小鸟，因其味道独特，从罗马时代起就被摆上欧洲的餐桌。食用之前，需以小米将其催肥；为了让它们日夜不停地吃小米，竟要弄瞎它们的眼睛。北京近来又开了一家特色餐馆，看家菜是孔雀肉。活孔雀喂养在店前的栅栏内，金蓝银碧的羽毛被当作废物拔除。我们的食文化中扩展出如此粗鲁的项目，反映出人们对美的极端盲视。

还有另一幕令我记忆的场景。1996年除夕，普降大雪。元旦早上的刺骨寒风又将冰雪冻结在路面上，这是北京少见的－10 ℃的酷寒天气。我去了百鸟园，我是这个上午公园里唯一的游客。

一张大网从天而降，罩住了整个公园，鸟儿不再挤身于狭小笼内，可以相对自由地进行一些短距离飞行。建立这样的园林，可能仍然有悖于“鸟道”，然而放养的方式已经尽量地体现了某种人道主义色彩。善心能做的只有这么多了。但这善意又是如此杯水车薪——所有的温血动物中，鸟的体温最高，平均在43.5 ℃。严冷环境中，谁能去照料它们火热的心肠？百鸟园是露天公园，缺乏相应的暖气配备条件。只有鸸鹋享受着特别待遇，在黑暗的桥洞深处躲避肆虐的冬夜。仅仅一夜彻寒，几只黄鹂被冻死了，自古以来，它们不畏帝王讳而勇敢地穿着鲜艳的黄袍，而现在，这些可爱的小鸟没能跳过新年的门槛。

春日茂盛的草坡上，如今正覆盖着深深的雪层。工作人员为了让鸟儿不致有更多的冻伤，驱赶着它们走动起来。雪坡之上，几十只孔雀用冻僵的趾爪困难地行走着，酷寒当中它们无所依傍，绚艳的羽毛映照在皑皑雪光之中。

1997 年元旦过后，中国古动物博物馆举办了一次小型的古鸟化石展览。尽管主办单位事先在新闻媒介上刊出了消息，会场上仍是一片可以预见的冷清。我情愿把原因归罪于当日的恶劣天气。巧合的是，我同样是这个上午唯一的中国观众——除此之外的，还有一个刚到北京的日本旅游团和几个日本散客。

1861 年，德国挖掘出 7 块始祖鸟化石，这几乎成为人们研究鸟类起源和飞行起源的全部材料。大部分鸟类学家根据牙齿和尾骨等方面认为，始祖鸟是由一种小型恐龙演化而成。我迷惑于这奇妙的考古结论，原来鸟是从陆地动物中脱颖而出，就像神从人中间走出来，坐上了圣坛。

从 1994 年开始，辽宁北票市，这一名不见经传的小地方成为世界瞩目的焦点，因为这里发掘出一批相当有价值的古鸟化石。尤其是孔子鸟化石的发现，打破了侏罗纪仅有德国始祖鸟的纪录，引起国外学术界和舆论界的震惊。隔着玻璃，我凝视着无比珍贵的孔子鸟化石，它是如此造型精湛，让人撼动于巨大时间的积淀之下，那种不容修改的永恒之美。

震动世界的古鸟化石发现，在国内却知之者甚少，除了那些因谋利而走私的商人和因无知而贩卖的农民。事实上北票市一半以上的出土化石已流入异邦，尤其是日本境内。无力保护那些美轮美奂的化石，我不知道有多少人能体会到其中的屈辱。我看着展厅内不停走动并不时惊叹的日本游客——这是个注重美与文化的民族，联想起国人的普遍欣赏品味，不禁让我产生微妙的妒意。他们由衷的赞美是无罪的，但我也知道，所有占有欲的源头，几乎都是无辜的热爱。

北京电视台著名节目“东芝动物乐园”受到广泛欢迎，我本人也是忠实观众之一。但我因为这个标题，而产生敏感而挑剔的小小不快——商业都可以垄断到动物身上，我们还能够保护什么，又还剩下什么财产可供最后的瓜分？

C 部

四月里来了插秧的神，他种下明亮的雨水。飞快的燕子一掠而过——又是谁在挥动这把收割的黑亮镰刀？

穿黑衣的燕子是害虫的捕快，它们保持着良好的战斗成绩。在农家，谁的檐下筑有燕巢，被看作一件吉祥的事，这意味着他们的慈善取得了燕子的好感和信任。当然，这仅是针对家燕的宽容政策，因其没有太大的利用价值。金丝燕可就没有这样的好运了。它们吞下苔藓、海藻，和着唾液制成的燕窝，据说具有祛痰止咳、养颜生津的疗效。极高的经济价值给燕子带来了巨大的灾难。每到繁殖季节，采摘燕窝的人们纷纷攀附在岩壁上，掠走燕子的家园。大部分繁殖的燕子还会重建它们的巢，大部分贪婪的手还会再次伸来。周而复始，筋疲力尽的燕子已没有足够的唾液，最后它咳出鲜血来建造最后的巢，这就是价格昂贵的血燕窝。（由此可见，我们的作家多么聪明，他们的写作策略与燕子的筑巢方式正好相反，开始他们是用心血来写的，写啊写啊，越写越淡，到最后用的倒真是口水了。）采摘者当然不会放弃这血凝的建筑，无人顾及那些摔死在岩底的无辜小燕和悲愤、劳累而至死的老燕。调补身体的人从来不去想，一个燕窝意味着发生在燕子全家的惨案。

躲过重重的干扰和考验，幸存的燕子终于成为飞禽中的佼佼者。有一种刺尾雨燕，飞行时最高时速可达 300 公里。还有的雨燕，能在空中飞行长达三年之久，无论觅食、休息与交配，都在空中进行。这是出自对于飞行几近疯狂的热爱。再胆怯的鸟儿也不至于不敢在荒凉之地歇脚一刻，只有强烈的热爱才能解释它数年的不息。就像溜冰运动员，燕子快速的飞行曲线充满了几何意义的美感。米什莱曾称燕子为“空中王后”，他强调为了成为最优秀的飞行专家，燕子做出了重大牺牲。雨燕的双翅特别发达，但它的足部几乎完全萎缩，失去了奔跑和蹦跳的能力，只能在地面上勉强地爬上几步。几乎残疾身体的燕子，创造了一幕伟大悲剧。我看到通往完美的路径从来不是闪光的，而是充满曲折、危险与黑暗——我看到了途中必然的苦痛与牺牲。许多科学家穿越真理的巅峰，却丧失基本的生活技能；艺术家掌握了高超的手法，却不能胜任最简单的生计——其实，这中间包含着人生最严肃的内容。为了绝对化的理想，他们付出非凡到辛酸的努力。这是生命的豪赌啊，这是对真理的全部捐献。我知道一位热爱芭蕾的小姑娘，为了实现梦想，她付出了超常的努力，几乎在残酷中压迫自己，以至于这种追求已失去了任何快乐的表貌。她曾为芭蕾多次受伤，但她现在再也不会受伤了，因为最后一次，她造成了致命的骨质损坏，再也无法在舞台上打开花瓣一样的衣裙。生命的残酷在于，往往不能按正比把辉煌交给努力。在那条道路上，有人达到，有人负伤，有人死去，但所有的人都在说明：牺牲是前提，是先决与必备条件——正如燕子所付出的巨大身体代价，但正是在苦难里、在残酷中所展现的执着里，燕子体验着至深的生命狂喜。

燕子身上凝聚的力量令人肃然起敬。人类抄袭燕子的服装式样，制成名为燕尾服的西式晚礼服。这在燕子只是件平常的生活装、工作服，而在人类那里，只是在某些正式、隆重的场合才去穿着，仿佛隐蔽委婉地表示着对燕子的敬意。

鸡仿佛是个混进来的分子，从习惯上讲，鸡似乎已不属于鸟类。鸡是家禽行列的主力。“家禽”，两个字暴露了鸡角色的尴尬、身世的辛酸。一旦被命名为“家禽”，几乎等于被开除了鸟籍，如同那成为奴隶的，难以再享有做人的权利。

非机械时代，我们一直任用公鸡为早晨的报幕员。这个肉质的大闹钟，每天晚上临睡前，都要上好身体里的发条。一位拉丁美洲诗人曰：“让早晨从一根细纱开始，在雄鸡的合唱中编成形状。”大约是承担着如此的要职，公鸡常走着自鸣得意、不可一世的步态。

公鸡的尽职尽责并未换来足够的尊重。人存在普遍的贱性，谄媚那些轻慢于他的，羞辱那些顺从于他的。狗就提供了一个例证。普里什文指出“狗背叛了狼的事业”。虽然在一些文章中屡次提到“狗是人类最好的朋友”，但同样的句式曾献给过很多不同的主语。更多的词语是这样表达的：“狗仗人势”“狗屁不通”“狗急跳墙”“狗东西”“狗腿子”；狠、狎、狡、猾、狞……汉字中的贬义词中有200多个带有“犭”旁。作为家庭的男主人，公鸡为人类服役的决定，使它和它的妻子们在窄小的庭院里终身监禁，永无获救的可能。公鸡的毛很漂亮，反射着金属的漆光，它们被绑在掸子上与灰尘为伍，或者竖在毽子上供人踢来踢去——公鸡在死后也得不到安宁和自由。公鸡的老婆们被关在鸡场里下蛋，它们挤靠在一起，毫无隐私权，可不允许像她们的祖宗原鸡那样计划生育，一年仅下十几个蛋，它们每只每年要完成二百多个的指标。问题是养鸡场的母鸡们只是公鸡名誉上的妻子，它们一生中几乎从未与男性有过任何情感与肉体的接触。这些老处女们必须像勤奋的孕妇一样生啊生啊，虚度自己没有经历过爱情的青春。

关于鸡唯一的美誉是鸡尾酒，热烈的嘴唇碰触着冰冷的酒液，但这丝毫不与“热脸去碰别人的冷屁股”的俗语有任何瓜葛。

去年我到亲戚家做客，他家院子的铁笼下关着一只鸡。由于铁笼狭小，这只鸡的活动空间只有几步，地上积满很厚的鸡屎。主人告诉我，一年前买来这只鸡，刚要杀它，它就机灵地下了一个蛋。于是主人就把它养了起来。从此这只鸡几乎天天下蛋，能干得不得了。这个功臣在如此恶劣的条件中生活了一年多，令我有些不忍心，就建议给它放放风。主人碍于我的情面，打开了牢房的门。母鸡犹疑地走出来，四下看看，又走了几步，然后，它就在笼子边卧下，闭上眼睛晒起太阳。我过去轰它，希望它可以利用这宝贵的机会四处走走。它不快地起身，我稍一停顿，它又蹲下了。当我第二次轰它的时候，它生气地嘀咕起来，并且反感地瞥着我。我明白了，这只母鸡已完全忘记了运动的快乐，丧失了自由的需要。

只有斗鸡还保持着战斗精神，可惜只用于同类之间的相互攻击，我们不用担心它们中会站出斯巴达克斯。鸡的悲剧在于它的服从，更在于服从中的麻木。

也许野外环境太险恶了，才使一部分原鸡走上家仆的岗位。但它们忽视了，如果在野外有百分之五十的劫难，在人类这里就是百分之百的。就像竖立墓碑一般，在每只家鸡的命运下游，案板上都竖着一把刀。

相传楚汉战争时，鸽子被利用来传送印信和兵符，可见鸽子做民间邮递员的历史由来已久。可它的薪金菲薄，几颗豆粒就可以告慰鸽子的跋涉之苦，显然，这不讲道理的交易里存在一些剥削色彩，但鸽子似乎毫无怨言。小时候受到漫画的长期误导，我一直以为鸽子是把信件衔在嘴里完成限时专送的，长大以后才知道那纯粹是美术的改编——美术常常演变为美化的术。实际情况是人们把窄窄的便条绑缚在鸽子腿上，鸽子顺路捎回——这就对了，我看鸽子也不会把替人类办点儿私事看得那么神圣和重要。鸽子也因此落下了职业病，至今它们还喜欢落在窗台上或阳台上听听墙根，看看有什么需要它们传播的，瞧它们聚在一起，发出“嘀嘀咕咕”的声音，颇似流短蜚长的家庭妇女。

在鸟类中，鸽子最易于亲近，它们与人类保持着长期良好的外交关系。具有典型意义的喂饲鸽群场景，传达着两者之间相互的爱惜与信任，既说明了文明程度，又表白了鸟与人之间可能达到的和谐。同样令我印象深刻的是京城的夏日，赤膊小伙站在平房瓦顶，摇动着系着红布的细竿，对鸽子进行着某种训练。依靠着鸽子顺从的形象，在这充满宏观与微观战争的世界上，我们虚拟出一些可视的美好。由于鸽子格外友善的合作态度，人类愿意加封其为鸟界派驻人间的大使。把鸽子嘴里的信封取下，换上橄榄枝，鸽子的实用性被遮蔽起来，具有了形而上的美学象征意义，代表众生向往的和平理想。大量影片就这样千篇一律地表现着——鸽群带着哨音在天上展翅。尽管如此，我还是不太喜欢鸽子，鸽哨并不悦耳，当它们集群呼啸掠过，迅速占领纯蓝的天空，更像是小型轰炸机在编队飞行。人们把“和平使者”的称号授予鸽子，也许仅仅因为它愿意充当我们的宠臣。

鸽子既可以自由飞行，又可以随时回到主人的笼内，享用唾手可得的口粮，这其中涉及鸽子的生存策略。鸽子意识到必须牺牲局部的自由，来谋求现实的生活保障，于是它过着空中与笼内的两栖生活。这的确为它带来了实惠，它不必像其他鸟那样风来雨往日日奔波，只低低地飞上两圈，便安逸地走动起来，或懒懒地晒晒太阳。它不会被冬天的饥馑逼到绝境。我们可以发现鸽子的秘密，就在于它找到了一个巧妙的支点，得到双份的好处。从广泛的经验中，我们日益提炼出世俗生活的秘方：降低精神生活的高度，可以弥补物质生活的匮乏；减少灵魂的成色，可以丰富肉体的娱乐——这就是生存可悲的等式。一边是现实的，一边是空灵的；一边是短视的，一边是高远的。两者之间的取舍决定了命运的路数，虽然选择后者可能会由此沉入个人悲剧之中，但我多么震撼于那种对理想忘我的捍卫。最名利双收的是在天平两边找平衡的人，比如鸽子具有投机色彩的双重身份。鸽子飞行的表演有在主人面前展示与取悦的意味，它归巢的守诺是对主人服从与依靠的表白——

鸽子的妥协与投降有悖于鸟的气节。

鸽子起飞时拍翅声很大，它甚至还经常为此掉下羽毛，可以想见其身体的笨重，飞行已成为一种业已生疏、需要复习的技巧。鸽子正在向鸡的角色靠拢，成为一种准家禽。自作聪明的鸽子应吸取鸡的前车之鉴，看看前途中的危险，菜馆里的红烧乳鸽日益成为常备菜品。

麻雀是鸟类里的平民，也是人类最常接触的鸟儿。这些在我们身边生活的邻居，它们的体形和肤色与我们存在很大差异，但我不是种族歧视者，我多么喜欢它们落叶色的玲珑身体。走在喧闹的商贸街道，抬头看见荒疏的冬枝上静静栖着几只麻雀，心和整个世界一起，瞬间一片安宁。

许多人在童年都有过救助麻雀的经历，而我直到去年才得到这样的幸运机会。这是一只刚刚掌握简单飞行技术的雏鸟，还未褪清嘴上的黄色，暴风雨使它的翅膀上沾满沉重的泥浆难以起飞。民间说麻雀“气性大”，果然，它很快由最初的惊惧，转而变成对窘迫处境的恼火。它以绝食来惩罚自己的失败行为。为了让它尽快恢复体力，我不得不采取强行喂食的办法，这下我看清了它孩子气的脸颊。我粗鲁的作风似乎严重伤害了它的自尊心。由于它的不合作态度，食物沾到了它的腮和下颏上。谁说鸟缺少表情的变化？它稚气的脸上充满了显而易见的愤怒。

北京的广济寺，中午的时候游人稀少，僧人和居士们每天都在圆通殿的西窗台上为麻雀备好午饭。窗台面积窄小，麻雀们便利用了紧挨窗边的一棵松树。每只麻雀衔走一粒粮食，都马上返回树枝上。数百只麻雀就这样不知疲倦地在树枝与窗台之间穿梭着，形成一场褐色的疾雨。因为吃食的麻雀如果占据着窗台，就会有许多同伴因没有站脚的位置而挨饿。每只麻雀都遵守着某种纪律，或曰是友爱的原则，让我看到它们在朴素生活中保持的品质。

麻雀们愿意选择寺庙安家，似乎不仅因其清静，而是感应了素食者的善心。受到广济寺的启发，我开始每天在自己的窗台上放好清水和食物，邀请麻雀赴宴。很长时间，麻雀并不信任我，对我的赠品碰也不碰。也许它们没有忘记数十年前那场可怕的回忆。那场名为消灭害虫的运动中，把麻雀也列在通缉令上，罪名是偷吃粮食。上帝的财产有着公正的分配方案，每种生物都拥有应得的一份。但是我们强占了土地和森林，还不想给原有的主人留下最后一口活命的粮食。在那场有着法西斯色彩的运动中，我们惊吓并杀害大量麻雀，给它们留下了难以愈合的创伤。今天我需要足够的耐心，来为父辈的错误请求原谅。

积年累月的努力，窄窄的窗台终于成为了小鸟的餐桌，它们小巧的喙啄食着，我愿意倾听那轻细密集的嗑击之声。长久的交往使我和其中的一个麻雀部落建立了比较熟悉的关系，我因结识它们而深感荣耀，不觉得这和认识一个有名望的家族有何区别。我想让这些爱说话的小家伙知道，它们永远是受欢迎的小客人，我微薄的招待不成敬意。我希望给它们的食谱增加一些花色，小米、瓜子、饼干、水果……我甚至想到去早市买一些面包虫，让这些同样无辜的小虫子为麻雀们开荤。

我把瓜子和松籽一类的坚果嗑开，然后把仁儿作为礼物。通过食物的间接传递，我的嘴唇亲吻了它们小小的喙。由于经常咬嗑瓜子，我的门齿留下一个不易看出的缺口，这是我最光荣、最甜蜜的一次负伤。

赏读

周晓枫是近年来致力于生态散文创作的一位新生代散文家，她的作品可以说是自然的文学，因为她在新散文写作时的一种自然状态，沉着、真实、优雅；更重要的是她在文章中透露的生态思想，特别是对待非人类自然界生物的那种关怀，以及以自己的亲身经历和感受对人类行为进行批判和反思，使得她的作品被打上生态的烙印。

在选材上，周晓枫将目光投射到各种动物身上，这些动物是大自然中纯洁的生命，它们的一切行为都呈现自己的本性。在这些我们所不能理解的动物身上，有着婴儿般的“无过失状态”的光芒。它们的一切，来自天性的召唤，体现了上帝造物的初衷，我们似乎能够从中找到亚当和夏娃被逐出乐园前的生命景观，这使周晓枫的散文具有某种童话的天性。但很多时候，她充当着动物的代言人，控诉人们的行径，而这使周晓枫的散文具有某种批判的力度。

她曾经说到自己的创作“尝试动物题材，都与苇岸有直接联系”，而苇岸、刘亮程、周晓枫，显然都受到梭罗的影响。如果说梭罗对于苇岸和刘亮程的影响主要是生态意义和生存态度上的，那么对于周晓枫来说，除此之外还另有一重美学上的启发意义。对于梭罗生态思想的重视使人们多少有些忽略他的散文的美质，譬如善用修辞、幽默风趣、意蕴深远等。周晓枫在对

“它们”投之以平等、亲切的凝眸之际，酷爱修辞的她还赋予了文字飞翔的力量，将汉语的凝练、想象之美推向新的高度，其散文可以看作是对《瓦尔登湖》从思想到修辞的遥远呼应。周晓枫的文字美轮美奂、流畅精致，堪称中国生态散文中的“美文”。《鸟群》就是出手不凡的佳构。且看她在《鸟群》中的几个片段：“鸟是神的拟态。人们想象中的天使，就是根据人与鸟的结合形象设计而出。……我对鸟抱有永久的惊奇，它们令我感慨于造物的精巧安排：啄木鸟每天在坚硬的树干上敲呀敲的，却不会得脑震荡；仙鹤穿着细黑的高筒靴子，不怕站在寒冷的雪地上；鹈鹕松弛的下嘴唇，松鸦严谨的八字胡；黑鹭的蝙蝠侠斗篷，企鹅的黑白晚礼服……除了风格迥异的鸣啭方式，它们还有各自独特的飞翔节奏，或高或低，或收或展：海鸥的圆舞，佛法僧的弧步，雨燕的华尔兹，大雁的集体舞……鸟优美地起伏身体，天空中充满生动的舞蹈。”

作品

巩乃斯的马①

周　涛

没话找话就招人讨厌，话说得没意思就让人觉得无聊，还不如听吵架提神。吵架骂仗是需要激情的。我发现，写文章的时候就像一匹套在轭具和辕木中的马，想到那片水草茂盛的地方去，却不能摆脱道路，更摆脱不了车夫的驾驭，所以走来走去，永远在这条枯燥的路面上。我向往草地，但每次走到的，却总是马厩。

我一直对不爱马的人怀有一点偏见，认为那是由于生气不足和对美的感觉迟钝所造成的，而且这种缺陷很难弥补。有时候读传记，看到有些了不起的人物以牛或骆驼自喻，就有点替他们惋惜，他们一定是没见过真正的马。

在我眼里，牛总是有点落后的象征的意思，一副安贫知命的样子，这大概是由于过分提倡"老黄牛"精神引起的生理反感。骆驼却是沙漠的怪胎，为了适应严酷的环境，把自己改造

① 选自《周涛散文》（人民文学出版社 2016 年版）。周涛，生于 1946 年，北京人，著有散文集《游牧长城》《稀世之鸟》等。

得那么丑陋畸形。至于毛驴，顶多是个黑色幽默派的小丑，难当大用。它们的特性和模样，都清清楚楚地写着人类对动物的征服，生命对强者的屈服，所以我不喜欢。它们不是作为人类朋友的形象出现的，而是俘虏，是仆役。有时候，看到小孩子鞭打牛，高大的骆驼在妇人面前下跪，发情的毛驴被缚在车套里龇牙大鸣，我心里便产生一种悲哀和怜悯。

那卧在盐车之下哀哀嘶鸣的骏马和诗人臧克家笔下的“老马”，不也是可悲的吗？但是不同。那可悲里含有一种不公，这一层含义在别的畜牲中是没有的。在南方，我也见到过矮小的马，样子有些滑稽，但那不是它的过错。既然橘树有自己的土壤，马当然有它的故乡了。自古好马生塞北。在伊犁，在巩乃斯大草原，马作为茫茫天地之间的一种尤物，便呈现了它的全部魅力。

那是1970年，我在一个农场接受“再教育”，第一次触摸到了冷酷、丑恶、冰凉的生活实体。不正常的政治气息像潮闷险恶的黑云一样压在头顶上，使人压抑到不能忍受的地步。强度的体力劳动并不能打击我对生活的热爱，精神上的压抑却有可能摧毁我的信念。

终于有一天夜晚，我和一个外号叫“蓝毛”的长着古希腊人脸型的上士一起爬起来，偷偷摸进马棚，解下两匹喉咙里滚动着咴咴低鸣的骏马，在冬夜旷野的雪地上奔驰开了。

天低云暗，雪地一片模糊，但是马不会跑进巩乃斯河里去。雪原右侧是巩乃斯河，形成了沿河的一道陡直的不规则的土壁。光背的马儿驮着我们在土壁顶上的雪原轻快地小跑，喷着鼻息，四蹄发出嚓嚓的有节奏的声音，最后大颠着狂奔起来。随着马的奔驰、起伏、跳跃和喘息，我们的心情变得开朗、舒展。压抑消失，豪兴顿起，在空旷的雪野上打着唿哨乱喊，在颠簸的马背上感受自由的亲切和驾驭自己命运的能力，是何等的痛快舒畅啊！我们高兴得大笑，笑得从马背上栽下来，躺在深雪里还是止不住地狂笑，直到笑得眼睛里流出了泪水……

那两匹可爱的光背马，这时已在近处缓缓停住，低垂着脖颈，一副歉疚的想说“对不起”的神态。它们温柔的眼睛里仿佛充满了怜悯和抱怨，还有一点诧异，弄不懂我们这两个人究竟是怎么了。我拍拍马的脖颈，抚摸一会儿它的鼻梁和嘴唇，它会意了，抖抖鬃毛像抖掉疑虑，跟着我们慢慢走回去。一路上，我们谈着马，闻着身后热烘烘的马汗味和四围里新鲜刺鼻的气息，觉得好像不是走在冬夜的雪原上。

马能给人以勇气，给人以幻想，这也不是笨拙的动物所能有的。在巩乃斯后来的那些日子里，观察马渐渐成了我的一种艺术享受。

我喜欢看一群马，那是一个马的家族在夏牧场上游移，散乱而有秩序，首领就是那里面一眼就看得出的种公马。它是马群的灵魂，作为这群马的首领当之无愧，因为它的确是无与伦比的强壮和美丽。匀称高大，毛色闪闪发光，最明显的特征是颈上披散着垂地的长鬃，有的浓黑，流泻着力与威严；有的金红，燃烧着火焰般的光彩。它管理着保护着这群牝马和顽皮的长腿短身子马驹儿，眼光里保持着父爱的尊严。

在马的这种社会结构中，首领的地位是由强者在竞争中确立的。任何一匹马都可以争夺，通过追逐、撕咬、拼斗，使最强的马成为公认的首领。为了保证这群马的品种不至于退化，就不能搞“指定”，不能看谁和种公马的关系好，也不能凭血缘关系接班。

生存竞争的规律使一切生物把生存下去作为第一意识，而人却有时候会忘记，造成许多误会。

唉，天似穹庐，笼盖四野。在巩乃斯草原度过的那些日子里，我与世界隔绝，生活单调；人与人互相警惕，唯恐失一言而遭灭顶之祸，心灵寂寞。只有一个乐趣，看马。好在巩乃斯草原马多，不像书可以被焚，画可以被禁，知识可以被践踏，马总不至于被驱逐出境吧？这样，我就从马的世界里找到了奔的诗韵。油画般的辽阔草原、夕阳落照中兀立于荒原的群雕、大规模转场时铺散在山坡上的好文章、熊熊篝火边的通宵马经、毡房里悠长喑哑的长歌在烈马苍凉的嘶鸣中展开、醉酒的青年哈萨克在群犬的追逐中纵马狂奔，东倒西歪地俯身鞭打猛犬，这一切，使我蓦然感受到生活不朽的壮美和那时潜藏在我们心里的共同忧郁……

哦，巩乃斯的马！给了我一个多么完整的世界！凡是那时被取消的，你都重新又给予了我！弄得我直到今天听到马蹄踏过大地的有力声响时，还会在屋子里坐卧不宁，总想出去看看，是一匹什么样儿的马走过去了。而且我还听不得马嘶，一听到那铜号般高亢、鹰啼般苍凉的声音，我就热血陡涌、热泪盈眶，大有战士出征走上古战场，“风萧萧兮易水寒”的悲壮之慨。

有一次我碰上巩乃斯草原夏日迅疾猛烈的暴雨，那雨来势之快，可以使悠然在晴空盘旋的孤鹰来不及躲避而被击落，雨脚之猛，竟能把牧草覆盖的原野瞬间打得烟尘滚滚。就在那场暴雨的冲打下，我见到了最壮阔的马群奔跑的场面。仿佛分散在所有山谷里的马都被赶到这儿来了。好家伙，被暴雨的长鞭抽打着，被低沉的怒雷恐吓着，被刺进大地倏忽消逝的闪电激奋着。马，这不肯安分的牲灵从无数谷口、山坡涌出来，山洪奔泻似地在这原野上汇聚了，小群汇成大群，大群在运动中扩展，成为一片喧叫、纷乱、快速移动的集团冲锋！争先恐后，前呼后应，披头散发，淋漓尽致！有的疯狂地向前奔驰，像一队尖兵，要去踏住那闪电；有的来回奔跑，俨然是临危不惧、收拾残局的大将；小马跟着母马认真而紧张地跑，不再顽皮、撒欢，一下子变得老练了许多；牧人在不可收拾的潮水中被携裹，大喊大叫，却毫无声响，喊声像一块小石片跌进奔腾喧嚣的大河。

雄浑的马蹄声在大地奏出鼓点，悲怆苍劲的嘶鸣、叫喊在拥挤的空间碰撞、飞溅，划出一条条不规则的曲线，扭住、缠住漫天雨网，和雷声雨声交织成惊心动魄的大舞台。而这一切，得在飞速移动中展现，几分钟后，马群消失，暴雨停歇，你再看不见了。

我久久地站在那里，发愣、发痴、发呆。我见到了，见过了，这世间罕见的奇景，这无可替代的伟大的马群，这古战场的再现，这交响乐伴奏下的复活的雕塑群和油画长卷！我把这几分钟间见到的记在脑子里，相信，它所给予我的将使我终身受用不尽……

马就是这样，它奔放有力却不让人畏惧，毫无凶暴之相；它优美柔顺却不任人随意欺凌，并不懦弱，我说它是进取精神的象征，是崇高感情的化身，是力与美的巧妙结合恐怕也并不过分。屠格涅夫有一次在他的庄园里说托尔斯泰“大概您在什么时候当过马”，因为托尔斯泰不仅爱马、写马，并且坚信“这匹马能思考并且是有感情的”。它们常和历史上的那些伟大的人物、民族的英雄一起被铸成铜像屹立在最醒目的地方。

过去我认为，只有《静静的顿河》才是马的史诗；离开巩乃斯之后，我不这么看了。巩乃斯的马，这些古人称之为骐骥、称之为汗血马的英气勃勃的后裔们，日出而撒欢，日入而哀鸣。它们好像永远是这样散漫而又有所期待，这样原始而又有感知，这样不加雕饰而又优美，这样我行我素而又不会被世界所淘汰。成吉思汗的铁骑作为一个兵种已经消失，六根棍马车作为一种代步工具已被淘汰，但是马却不会被什么新玩艺儿取代，它有它的价值。

牛从挽用变为食用，仍然是实用物；毛驴和骆驼将会成为动物园里的展览品，因为它们只会越来越稀少；而马，当车辆只是在实用意义上取代了它，解放了它时，它从实用物进化为一种艺术品的时候恰恰开始了。

值得自豪的是我们中国有好马。从秦始皇的兵马俑、铜车马到唐太宗的六骏，从马踏飞燕的奇妙构想到大宛汗血马的美妙传说，从关云长的赤兔马到朱德总司令的长征坐骑……纵览马的历史，还会发现它和我们民族的历史紧密相连着。这也难怪，骏马与武士与英雄本有着难以割舍的亲缘关系呢，彼此作用的相互发挥、彼此气质的相互补益，曾创造出多少叱咤风云的壮美形象？纵使有一天马终于脱离了征战这一辉煌事业，人们也随时会从军人的身上发现马的神韵和遗风的。我们有多少关于马的故事呵，我们是十分爱马的民族呢。至今，如同我们的一切美好传统都像黄河之水似地遗传下来那样，我们的历代名马的筋骨、血脉、气韵、精神也都遗传下来了。那种“龙马精神”，就在巩乃斯的马身上——

此马非凡马，房星本是星。向前敲瘦骨，犹自带铜声。

我想，即便我一直固执地对不爱马的人怀一点偏见，恐怕也是可以得到谅解的吧。

1984 年 5 月 20 日于乌鲁木齐

赏读

周涛多年生长、生活在西部，他是一位军人，又是一位诗人，环境的深刻影响，诗人的气质，军人的背景，使他在感情的历练和审美的创造上往往追求大美和壮美，向往粗犷、真率、博大和深沉。在他的散文作品中，奔驰的骏马，飞翔的苍鹰，荒寒的冰川，粗粝的山水，成为在他的审美视野中出现频率最高的形象，因为正是通过这种形象，他最能够把自己真挚、优美的感情融入进去，同时又最能够激发出他飘飘八荒的丰富的想象和联想，所以我们读周涛的散文往往瞬忽间便能够被其所击中并引起心灵震颤，恐怕正是在于他作品中这种真挚感情的奔泻。

《巩乃斯的马》就是一篇这样的作品。在周涛眼中，马不再是一种草原上的生产工具或产品，放马也不是一项任务，而是一种“艺术享受”。周涛看到了巩乃斯大草原上马的生命力，在他眼中马的身上存在着一种艺术品般的神韵，它为审美主体带来了一个完整的艺术世界；周涛将群马奔腾的场面视作一幅幅“群雕”并称赞其是这世上的“好文章”，这就是他为何往往“一听到那铜号般高亢、鹰啼般苍凉的声音，我就热血陡涌，热泪盈眶”。就这样，周涛笔下的马从“实用物进化为一种艺术品”，在此，巩乃斯的马将陷落的象征世界再次开启，同时也突破了工具理性思维的束缚。

周涛散文中的语言乃至文笔也是充分个性化的，不仅带有其极为强烈的个人情感色彩，线条清晰，棱角分明，从中体现着创作者从其艺术视野望出去或捕捉到的一种独特的美、难得的美，而且这个中间其用笔之豪放、大胆，词汇之绚烂、变幻，表达之精确、传神以及运作这些词语的感觉之灵动、敏锐，恰是和他在散文中所一直追求的思想的密集、见解的独到、洞察的深刻和作为散文家的“心灵（感情）的真实”，正好是相对应的，而这些也恰恰彰显了周涛散文的独特个性，无形中亦丰富了其散文的艺术价值和审美含量，让人过目难忘。

作品

驮水的日子[①]

温亚军

上等兵是半年前接上这个工作的。这个工作其实很简单，就是每天赶上一头驴去山下的盖孜河边，往山上驮水。全连吃、用的水都是这样一趟一趟由驴驮到山上的。

在此之前，是下士赶着一头牦牛驮水，可牦牛有一天死了，是老死的。连里本来是要再买一头牦牛驮水的，刚上任的司务长去了一趟石头城，牵回来的却是一头驴。连长问司务长怎么不买牦牛？司务长说驴便宜，一头牦牛的钱可以买两头驴呢。连长很赞赏地对司务长说了声你还真会过日子，就算认可了。但他们谁也没有想到，这驴是有点脾气的，第一天要去驮水时，就和原来负责驮水的下士犟上了，驴不愿意往它背上搁装水的挑子，第一次放上去，就被它摔了下来。下士偏不信这个邪，唤几个兵过来帮忙硬给驴把挑子用绳子绑在了身上，驴气得又跳又踢。下士抽了驴一鞭子，骂了句：不信你还能犟过人。就一边抽打着赶驴去驮水了，一直到晚上才驮着两个半桶

① 选自小说集《驮水的日子》（群众出版社 2006 年版）。温亚军，生于 1967 年，陕西岐山县人，著有小说集《白雪季》《驮水的日子》等。

水回来，并且还是司务长带人去帮着下士才把驴硬拉回来的。司务长这才知道自己图省钱却干了件蠢事，找连长去承认错误并打算再用驴去换牦牛。连长却说还是用驴算了，换来换去，要耽搁全连用水的。司务长说这驴不听话，不愿驮水。连长笑着说，它不愿驮就不叫它驮了？这还不乱套了！司务长说，哪咋办？连长说，调教呗！司务长一脸茫然地望着连长。连长说，我的意思不是叫下士去调教，他的脾气比驴还犟，是调教不出来的，换个人吧。连长就提出让上等兵去接驮水工作。

上等兵是第二年度兵，平时沉默寡言，和谁说个话都会脸红，让他去调教一头犟驴？司务长想着驮水可是个重要岗位，它关系着全连一日的生计问题，这么重要的工作交给平时话都难得说上半句的上等兵，他着实有点不放心。可连长说，让他试试吧。

上等兵接上驮水工作的第一天早上，还没有吹起床哨，他就提前起来把驴牵出了圈，往驴背上搁装水的挑子。驴并没有因为换了一张生面孔就给对方面子，它还是极不情愿，一往它身上搁挑子就毫不留情地往下摔。上等兵一点也不性急，也不抽打驴，驴把挑子摔下来，他再搁上去，反正挑子两边装水的桶是皮囊的，又摔不坏。他一次又一次地放，用足够的耐心和驴较量着。最后把他和驴都折腾得出了一身汗，可上等兵硬叫驴没有再往下摔挑子的脾气了，才牵上驴下山。

连队所在的山上离盖孜河有八公里路程，八公里在新疆就算不了什么，说起来是几步路的事。可上等兵赶着驴，走了近两个小时，驴故意磨蹭着不好好走，上等兵也是一副不急不恼的样子，任它由着自己的性子走。到了河边，上等兵往挑子上的桶里装满水后，驴又闹腾开了，几次都把挑子摔了下来，弄得上等兵一身的水。上等兵也不生气，和来时一样，驴摔下来，他再搁上去，摔下来，再搁上去。他一脸的惬意样惹得驴更是气急，那动作就更大，折腾到最后，就累了。直到半下午时，上等兵才牵着驴驮了两半桶水回来了。连里本来等着用水，司务长准备带人去帮上等兵的，但连长不让去。连长说叫上等兵一个人折腾吧，人去多了，反倒是我们急了，让驴看出我们拿它没有办法了，不定以后它还多嚣张呢。

上等兵回来倒下水后，没有歇息，抓上两个馒头又要牵着驴去驮水。司务长怕天黑前回不来，就说别去了。可上等兵说今天的水还不够用，一定要去。司务长就让上等兵去了。

天黑透了，上等兵牵着驴才回来，依然是两半桶水。倒下水后，上等兵给驴喂了草料，自己吃过饭后，牵上驴一声不吭又往山下走。司务长追上来问他还去呀？上等兵说今天的水没有驮够！司务长说，没够就没够吧，只要吃喝的够了，洗脸都凑合点行了。上等兵说，反正水没有驮够，就不能歇。说这话时，上等兵瞪了犟头犟脑的驴一眼，驴此时正低头用力扯着上等兵手里的缰绳。司务长想着天黑透了不安全坚决不放上等兵走，去请示连长。连长说，让他去吧，对付这头犟驴也许只能用这种方法，反正这秃山上也没有野兽，让他带上手电筒去吧。司务长还是不放心。连长对他说，你带上人在暗中跟着就行了。

上等兵牵着驴，这天晚上又去驮了两次水，天快亮时，才让驴歇下。

第二天，刚吹了起床哨，上等兵就把驴从圈里牵了出来，喂过料后，就去驮水。这天虽然也驮到了半夜，可桶里的水基本上是满的。一连几天都是如此，如果不驮够四趟水，上等兵就不让驴休息，但他从没有抽打过驴一鞭子。驴以前是有过挨抽的经历的，不知驴对上等兵抱有知遇之恩，还是真的被驯服了，反正驴是渐渐地没有脾气了。

连里的驮水工作又正常了。

连长这才对司务长说，怎么样，我没看错上等兵吧，对付这种犟驴，就得上等兵这样比驴更能一磨到底的人才能整治得了。

为此，连长在军人大会上表扬了上等兵。

上等兵就这样开始了驮水工作。刚开始他每天都牵着驴去驮水，慢慢地，驴的性格里也没了那份暴烈，在上等兵不愠不怒、不急不缓的调教中，心平气和得就像河边的水草。上等兵在日复一日的驮水工作中，感觉到驴已经真心实意地接纳了他，便对驴更加亲切和友好了。驴读懂了他眼中的那份亲近，朝空寂的山中吼叫几声，又在自己吼叫的回声里敲着鼓点一样的蹄音欢快地走着。上等兵感应着驴的那份欢快，明白了驴对自己的认同，就更加知心地拍了拍驴背，然后把缰绳往它的脖子上一盘，不再牵它了，让它自己走，他跟在一边，一人一驴，走在上山或者下山的小道上。山道很窄，有些地方窄得只容一人通过，上等兵就走到了驴后面。时间一长，驴也熟悉了这种程序，上等兵基本上是跟在了驴后面，下山上山都是这样。有时候，驴走得快了，见上等兵迟迟未跟上来，就立在路边候着，直到上等兵到了它跟前，伸手摸了摸它被山风吹得乱飞的鬃毛，说一声走吧，才又踢踏踢踏地往前走。到了河边，上等兵只需往驴背上的桶里装上水就行，水装满了，驴驮上水就走。到了夏天，盖孜河边长满了草，上等兵就让驴歇一歇，吃上一阵嫩嫩的青草。他就躺在草地上，感受盖孜河湿润的和风，看着不远处驴咀嚼青草，被嚼碎的青草的芳香味洋溢着的喜悦一瓣一瓣又掉入草丛。他闭上眼睛，静静地听着一些小昆虫振翅跳跃，从这棵青草跳到另一棵青草的声响，还有风钻入草丛拱出一阵窸窸窣窣的声音。他那么醉心地聆听着，竟隐隐约约地捕捉到一些悠长的牧笛声。他蓦然睁眼，那悠长的声音没有了，只有夏日的阳光宁静地铺洒着，还有已在他近处的驴咀嚼着青草，不时抬头凝视他，那眼神竟如女人一般，湿湿的，平静中含着些许的温柔和多情。每当这时，上等兵就从草地上坐起来，看着驴吃青草的样子，想着这么多日子以来他和驴日渐深厚的情谊。他和驴彼此越来越对脾气了，他说走驴就走，说停驴就停，配合得好极了，他就觉出了驴的可爱来。上等兵觉出驴可爱的时候，突然想着该给这头驴起个名字了。每天在河边、山道上，和驴在一起，他叫驴走或者停时，不知叫什么好，总是硬邦邦地说“停”或“走”，太伤他们之间的感情了。起个名字叫着多好。有了这样一个念头，上等兵兴奋起来。他一点都没有犹豫，就给驴起了个“黑家伙”的名字。上等兵起这个名字，是受了连长的影响。连长喜欢叫兵们这个家伙那个家伙的，因为驴全身都是黑的，他就给它起了“黑家伙”。虽然驴不是兵，但也是连队的一员，也是他的战友之一，当然还是他的下属。这个名字叫起来顺口也切合实际。

上等兵就这么叫了。

起初，他一叫，“黑家伙”还不知道这几个字已是它自己的名字了，见上等兵一直是对着自己叫，就明白了。但它还是不大习惯这个名字，对上等兵不停地“黑家伙”“黑家伙”的呼叫显得很迟钝，总是在上等兵叫过几遍之后才略有反应。但随着这呼叫次数的增多，它也无可奈何，就认可了自己叫“黑家伙”。

上等兵每天赶上“黑家伙”要到山下去驮四趟水，上午两趟，下午两趟。一次是驮两桶水，共八桶水，其中四桶水给伙房，另外三桶给一、二、三班，还有一桶给连部。一般上午驮的第一趟水先给伙房做饭，第二趟给一班和二班各一桶，供大家洗漱，下午的第一趟还是给伙房，第二趟给三班和连部各一桶。这样就形成了套路，慢慢地，“黑家伙”就熟悉了，每天的第几趟水驮回来要给哪里，“黑家伙”会主动走到哪里，绝不会错，倒叫上等兵省了不少事。

有一天，上等兵晚上睡觉时肚子受了凉，拉稀，上午驮第二次水回来的路上，他憋不住了，没有来得及喊声“黑家伙”站下等他，就到山沟里去解决问题了。待他解决完了，回到路上一看，“黑家伙”没有接到叫它停的命令，已经走出好远，转过几个山腰了。他赶紧去追，一直追到连队，“黑家伙”已经把两桶水分别驮到一班和二班的门口，兵们都把水倒下了，“黑家伙”正等着上等兵给它取下挑子，吃午饭呢。

司务长正焦急地等在院子里，以为上等兵出了什么事，还想着带人去找呢。

上等兵冲到“黑家伙”跟前。“黑家伙”以为自己做错了事，扑闪着大眼睛看着上等兵，等着上等兵给它不高兴的表情。上等兵不但没有骂它，反而伸出手细细抚着它的背，表扬它真行。“黑家伙”冲天叫了几声，它的兴奋感染得大家都和它一块高兴起来。

有了第一次，上等兵就给炊事班打招呼，决定让驴自己独自驮水回连。他在河边装上水后，对“黑家伙”说声你自己回去吧。“黑家伙”就自己上山了。上等兵第一次让“黑家伙”独自上路的时候，还有点不大放心，悄悄地跟在“黑家伙”的后面，走了好几里路。弯弯曲曲的山路上，“黑家伙”不受路两旁的任何干扰，其实也没有什么可以干扰“黑家伙”的东西。上等兵就立着，看“黑家伙”独自离去。上等兵远远地看着，发现“黑家伙”稳健的身影，竟是这山中唯一的动点。在上等兵的眼中，这唯一的动点，一下子使四周沉寂的山峰山谷多了些让人感动的东西。但究竟是什么样的感动，上等兵却又说不出来。上等兵就那样看着“黑家伙”一步一步走远，直到消失在他的视线里。视野里没有了“黑家伙”的影子了，上等兵才一下子感到心里有点空落，四面八方涌来的寂寞把他从那种无名的感动中揪了出来。他抖抖身子，寂寞原来已在刹那间浸淫到了他的全身。上等兵这才明白，原来“黑家伙”已在他的心中占了一大块位置。在平日的相处中，他倒没有太大的在意，而一旦“黑家伙”离开了他，哪怕像现在这样短短的离开，他的失落感便像春日里的种子一样迅速钻出土来。上等兵望眼欲穿地盼着山道上“黑家伙”身影的出现。

过了一个多小时，果然“黑家伙”不负他望，又驮着空挑子下山来到了河边。上等兵高兴极了，扑上去竟亲了“黑家伙”一口，当场表扬了“黑家伙”的勇敢，并把自己在河边等“黑家伙”时割的青草奖赏给它。嫩嫩的青草一根一根卷进“黑家伙”的嘴中，“黑家伙”吃着，还不停地甩着尾巴，表示着它的高兴。

上等兵托人从石头城里买了一个铃铛回来，拴到“黑家伙”的脖子上。铃铛声清脆悦耳，陪伴着“黑家伙”行走在寂静的山道上。“黑家伙”喜欢这铃铛声，它常常在离上等兵越来越近的时候，步子也就越来越快，美妙的铃铛声也就越加地响亮，远远地就传到在盖孜河边等候着他的上等兵耳朵里。到了山上，负重的“黑家伙”脖子上的铃铛声也可以早早地让连队的人意识到“黑家伙”回来了。上等兵每天在河边只负责装水，装完水，他就很亲热地拍拍“黑家伙”的脖子，说一声“黑家伙”，路上不要贪玩。“黑家伙”用它那湿湿的眼睛看一看上等兵，再低低叫唤几声，转身便又向连队走。上等兵再不用每趟都跟着“黑家伙”来回走了。

为了打发“黑家伙”不在身边的这段空闲时间，上等兵带上了课本，送走“黑家伙”后，便坐在河边看看书，复习功课。上等兵的心里一直做着考军校的梦呢。复习累了，他会背着手，悠闲地在草地上散散步，呼吸着盖孜河边纤尘不染的新鲜空气，感受远离尘世、天地合一的空旷感觉。在这里，人世间的痛苦与欢乐，幸福与失落，功利与欲望，都像是融进了大自然中，被人看得那样淡薄。连“黑家伙”也一样，本来充满了对抗的情绪，却慢慢地变得充满了灵性和善意。想到“黑家伙”，上等兵心里又忍不住漫过一阵留恋。他知道，只要他一考上军校，他就会和“黑家伙”分开，可他又不能为了“黑家伙”而放弃自己的理想。上等兵想着自己不管能不能考上军校，他迟早都得和“黑家伙”分开，这是注定的，心里好一阵难受，就扔开书本，拼命给“黑家伙”割青草。他想把“黑家伙”一个冬天甚至几个冬天要吃的草都割下、晒干，预备好，那样，“黑家伙”就不会忘记他，他也不会在分离的日子里备感难受。

在铃铛的响声中，又过了一年。这年夏天，已晋升为下士的上等兵考取了军校。接到通知书的那天，连长对上等兵说，你考上了军校，还得感谢“黑家伙”呢，是它给你提供了复习功课的时间，你才能考出好成绩高中的。

上等兵激动地点着头说，我是得感谢“黑家伙”。他这样说时，心里一阵难过，为这早早到来的他和“黑家伙”的分手，几天都觉得心里沉甸甸的。临离开高原去军校的那一段日子里，他一直坚持和“黑家伙”驮水驮到了他离开连队的前一天。他还给“黑家伙”割了一大堆青草。

走的那天，上等兵叫“黑家伙”驮着自己的行李下山，“黑家伙”似乎预感到了什么，一路上走得很慢，慢得使刚接上驮水工作的新兵有点着急了，几次想动手赶它，都被上等兵制止了。半晌午时才到了盖孜河边，上等兵给“黑家伙”背上的挑子里最后一次装上水，对它交代一番后，看着它往山上走去，直到“黑家伙”走出很远。等他恋恋不舍地背着行李要走时，突然听到熟悉的铃声由远及近急促而来。他猛然转过身，向山路望去，“黑家伙”正以他平时不曾见过的速度向他飞奔而来，纷乱的铃铛声大片大片地摔落在地，“黑家伙”又把它们踏得粉碎。上等兵被铃声惊扰着，心却不由自主地一颤，眼睛就被一种液体模糊了。模糊中，他发现，奔跑着的“黑家伙”是这凝固的群山中唯一的动点。

赏读

可以说，温亚军的作品中几乎总有对大自然的诗性描绘，一种基于热爱甚至是膜拜的心理视角的注视，使得在他的作品中频繁出现的动物具有灵性。在他的笔下，动物不只是人类生产和生活中的附属物，而是身心两个维度的好朋友。温亚军将人与动物的那份感情写得细腻而感人，从而表达人与动物的关系不应该是隶属抑或上下之不平等的畸形关系，而是共处在一个家园，应该彼此尊重，互为关照，相互补充，人类应当敬畏大自然的创作意图。物物相杂，人物相得，生生不息，水乳交融。从这个意义上，温亚军的作品可以看作是当代文学中难得的生态文学作品。他的作品中有对人与自然、人与动物和谐关系的最好的表达。它将自然界当作与人类一样有生命来对待，人与自然界当休戚与共。温亚军在以关系为支点，努力实现人道的自然主义与自然的人道主义完美结合的境界。

在人物形象的塑造上，温亚军笔下的军人是那样多情，那样空灵，是的，他在塑造军人作为人的这一面，他在寻找军人的非军人的那一面。很多时候，他会让我们忘记军人那身军装和军营里的直线加方块。不熟悉军营的读者读他的作品，时常不知道他是军人，感觉不到他在写军人；有过从军经历的人进入他的军旅题材的作品，能够看出他在想象中叙述。这种看似游离的理想，反而成就了他对军人深层次的理解和之于军营哲学意义上的参悟。

同时，温亚军的创作也在探索和追求一种深蕴在文本之中的意味。在他有意识的探求之中，我们欣喜地发现了他的作品与众不同之处。他专心于细节的抒写和情绪的流动并存，诗意的散发与哲思的凝结同在，文本总含着如诗如画的肌理，浮动着声音、气味、色彩等许多极为感性的元素。他常将故事撇在一旁，细细而长久地品味生活中的某一个细节，因为过于沉迷，故事断了，留下了空白，给了我们更多的想象空间和深入思考的可能。他的作品，常常有一幅幅画，达到了俯拾皆是的地步。正如孟繁华所说：“读温亚军的小说就像走在洞穴中，在将要走出洞口的刹那间，迎面一缕阳光照亮了整个洞穴，那平淡无奇的过程突起波澜并惊心动魄，这就是绵里藏针不动声色。在敞开小说的瞬间，既出人意料又不可思议。”

作品

蚁国之镜①

筱　敏

我们日常总与蚂蚁相遇，林地里，草丛中，家居的窗台或橱柜里，然而它们于我们是陌生的，正如我们与每日里擦肩而过的如鲫人群是陌生的。我们无所容心，甚至对置身其中的社会亦无所容心，何况蚂蚁。

然而那是一个怎样令人惊骇的社会！

它们有十分严明的阶级和分工系统，这是由女王根据其部族需要，在产卵时就确定了的。极其固定的无从僭越的阶级地位，相当僵化的延续终生的分工。那些劳作终生的工蚁，那些战死沙场的兵蚁，那些被赋予了新一轮繁衍重任因而得以特别饲育的女王乳蚁，那些被派往夜空进行婚飞大典的雄蚁……恰如一部庞大机器上的万千齿轮和螺丝钉，它们奴隶般地服从分工，秩序井然地奉献于部族的统一意志。个体是可以替换的，正如大批量生产的齿轮和螺丝钉可以随时替换。就连大机器的心脏——女王，也是可以由新女王取代的。但机器的运行体制

① 选自《捕蝶者》（花城出版社2007年版）。筱敏，女，原名袁小敏，生于1955年，广东东莞人，著有散文集《理想的荒凉》等。

不能替换，部族的生命因这永不更易的体制而绵延。

它们侵略，杀伐旁族蚁类，掠夺邻国，不仅为着扩张势力范围，而且将战败国的幼蚁和蚁卵俘获过来，把它们驯养成奴隶，终生都不试图反抗也不试图逃脱的奴隶，像戴着无形的枷锁。

它们饲养家畜，那些蚜虫、树跳蚤、介壳虫们，失了本性似的匍匐在蚁国里，像奶牛一样为主人生产蜜露。这些蚁国的家畜也如人类的家畜一样因驯服而退化，渐失保护自己的结构，甚至已不能用腿来跳跃了。

它们忠于女王。一个部族，一个女王，一个意志，构成一个极权主义的稳定的国家。以至蚁类学家认为单个的蚂蚁只是细胞，仅处在死亡再生的循环链上，处在森严坚致的整体之中。而所谓的个体，在蚂蚁那里指的是整一个部族。一个蚂蚁帝国便是一个超级生物体。这是生物进化史中的怪兽，它是以完全的无视个体而发展并强盛的，帝国的生命代表着所有个体生命。

于是，蚁国里奉行的是利他主义和绝对的牺牲精神：它们可以用身体相互勾挂，组成巨大的蚁帘，以此为部族的巢，并听命女王的需要，随时缩紧或扩展以调节巢内的温度；它们可以用身体充当蓄粮的蜜罐，听凭被填塞成骇异的球状，然后驯顺地把自己挂在穴顶，静待部族需要时取食；它们可以在洪水中用身体结成厚厚的蚁筏，让女王和幼蚁安然为乘客，随波漂流，直到触及涯岸，只要女王能登陆重建一个蚁国，何需顾及水面浮起多少工蚁的尸首；在大火来袭的绝境中，它们可以团成硕大的蚁球，将女王护在中心，英勇壮烈地滚过火海；它们还可以将自身生长为自杀性炸弹，当遭强敌攻击时，猛烈收缩腹部肌肉，身体立刻爆裂，使充满毒液的巨大腺体四散迸溅，与周遭的敌手同归于尽……

这一切，是需要信仰支撑的，蚂蚁以部族的延续和帝国的强盛为信仰，在此之外，单个的蚂蚁是没有生存理由的。人也同样需要信仰，家族、民族、国家，以及为这一切而建造的种种宗教和主义。所谓个人的价值这种东西，是相当晚近的事情。人类曾拼力——包括强力和暴力——去建立的某种乌托邦帝国，在蚂蚁那里早已建成了，蓝图是现成的完备的，其运作经历史证明也是圆满的，只要人类甘愿摹拟蚂蚁。

蚁类学家威尔逊先生说：“社会生物学以新的方式最好地解释了人类群体行为的细微部分……”他遭到了众人的猛烈攻击。人愿意相信自己是万物之灵，人愿意在上帝那里照见自己，而不是在蚂蚁那里。只是威尔逊先生们端出来的那面镜子，备受攻击中已立在那里了，在这面展示蚂蚁帝国戏剧的镜面中，人们却时时照见了人类社会的实像，于是不免震悚，惊惕。

赏读

化“公共空间”入“私人空间”，是筱敏作为女性思想者的独到之处。她把革命、理想、专制、自由等公共话题，作为阅读、思考、体验、表达的对象，而且，她轻巧地甩掉了“凭吊遗迹，发思古之幽情，抒当世之感慨”等几成八股的思考和写作程式，充分表现个人和人类追求的宿命，不论她的目力远至哪一方时空，最后仍然回到人类个体的渺小、庸常、柔弱、无助中去。对她来说，也许正因为来源于生存困境的切身体验，才产生了反抗的热情迢遥的梦想。这使得她成为女性作家中的凤毛麟角。

写社会历史，写革命，写自由，写民主，写知识分子，写家庭和女性，筱敏的所有文字，其实都来源于对自身困境的深切感知和深刻内省，而并非来自高高在上的抽象的逻各斯世界。也就是说，这一切对她来说到底不是公共话题，而是私人话题。所以，她在写作的时候，才有了被粉碎的感觉，疼痛穿心的感觉对于类似体积大小、分裂、粉碎这样的现象和意象，筱敏是极度敏感的。可以看出，在她那里存在着一种压力恐惧症，所有的拒绝和对抗都源于恐惧。也正因为如此，她的优美的诗意文字，就多出了一种意外的物质。在使用同一种文字的时候，别人是明亮的，她是灰暗的；别人是飞扬的，她是沉降的；别人是箭一般直达的，而她则是扭曲的；一如植物的带有黏液的卷须，自我保护般地老是向内侧缠绕再缠绕，回旋再回旋。

恐怕正是这种痛感的释放，使得筱敏的爱和愤怒都是炽烈的，悲凉是彻骨的；写作的时候，她仿佛独自一人在极地来回奔跑。在早期，她的作品有一种东方的宁静，其实追求宁静，很可能出于心灵深处的不安。后来，当她以暴风雨、以火、以流沙、以长长的涡漩击破这宁静之后，原来的镜面再也无法修复。至此，一种更富于现代特征的美学，便因了社会和人生的价值观念的冲突而随之显现出来了。

作品

一只特立独行的猪[1]

王小波

插队的时候，我喂过猪、也放过牛。假如没有人来管，这两种动物也完全知道该怎样生活。它们会自由自在地闲逛，饥则食渴则饮，春天来临时还要谈谈爱情；这样一来，它们的生活层次很低，完全乏善可陈。人来了以后，给它们的生活做出了安排：每一头牛和每一口猪的生活都有了主题。就它们中的大多数而言，这种生活主题是很悲惨的：前者的主题是干活，后者的主题是长肉。我不认为这有什么可抱怨的，因为我当时的生活也不见得丰富了多少，除了八个样板戏，也没有什么消遣。有极少数的猪和牛，它们的生活另有安排。以猪为例，种猪和母猪除了吃，还有别的事可干。就我所见，它们对这些安排也不大喜欢。种猪的任务是交配，换言之，我们的政策准许它当个花花公子。但是疲惫的种猪往往摆出一种肉猪（肉猪是阉过的）才有的正人君子架势，死活不肯跳到母猪背上去。母猪的任务是生崽儿，但有些母猪却要把猪崽儿吃掉。总的来

① 选自《王小波全集》（云南人民出版社 2006 年版）。王小波（1952—1997），北京人，当代作家，著有小说《黄金时代》，杂文集《沉默的大多数》等。

说，人的安排使猪痛苦不堪。但它们还是接受了：猪总是猪啊。

对生活做种种设置是人特有的品性。不光是设置动物，也设置自己。我们知道，在古希腊有个斯巴达，那里的生活被设置得了无生趣，其目的就是要使男人成为亡命战士，使女人成为生育机器，前者像些斗鸡，后者像些母猪。这两类动物是很特别的，但我以为，它们肯定不喜欢自己的生活。但不喜欢又能怎么样？人也好，动物也罢，都很难改变自己的命运。

以下谈到的一只猪有些与众不同。我喂猪时，它已经有四五岁了，从名分上说，它是肉猪，但长得又黑又瘦，两眼炯炯有光。这家伙像山羊一样敏捷，一米高的猪栏一跳就过；它还能跳上猪圈的房顶，这一点又像是猫——所以它总是到处游逛，根本就不在圈里待着。所有喂过猪的知青都把它当宠儿来对待，它也是我的宠儿——因为它只对知青好，容许他们走到三米之内，要是别的人，它早就跑了。它是公的，原本该劁掉。不过你去试试看，哪怕你把劁猪刀藏在身后，它也能嗅出来，朝你瞪大眼睛，噢噢地吼起来。我总是用细米糠熬的粥喂它，等它吃够了以后，才把糠兑到野草里喂别的猪。其他猪看了嫉妒，一起嚷起来。这时候整个猪场一片鬼哭狼嚎，但我和它都不在乎。吃饱了以后，它就跳上房顶去晒太阳，或者模仿各种声音。它会学汽车响、拖拉机响，学得都很像；有时整天不见踪影，我估计它到附近的村寨里找母猪去了。我们这里也有母猪，都关在圈里，被过度的生育搞得走了形，又脏又臭，它对它们不感兴趣；村寨里的母猪好看一些。它有很多精彩的事迹，但我喂猪的时间短，知道得有限，索性就不写了。总而言之，所有喂过猪的知青都喜欢它，喜欢它特立独行的派头儿，还说它活得潇洒。但老乡们就不这么浪漫，他们说，这猪不正经。领导则痛恨它，这一点以后还要谈到。我对它则不止是喜欢——我尊敬它，常常不顾自己虚长十几岁这一现实，把它叫作“猪兄”。如前所述，这位猪兄会模仿各种声音。我想它也学过人说话，但没有学会——假如学会了，我们就可以做倾心之谈。但这不能怪它。人和猪的音色差得太远了。

后来，猪兄学会了汽笛叫，这个本领给它招来了麻烦。我们那里有座糖厂，中午要鸣一次汽笛，让工人换班。我们队下地干活时，听见这次汽笛响就收工回来。我的猪兄每天上午十点钟总要跳到房上学汽笛，地里的人听见它叫就回来——这可比糖厂鸣笛早了一个半小时。坦白地说，这不能全怪猪兄，它毕竟不是锅炉，叫起来和汽笛还有些区别，但老乡们却硬说听不出来。领导上因此开了一个会，把它定成了破坏春耕的坏分子，要对它采取专政手段——会议的精神我已经知道了，但我不为它担忧——因为假如专政是指绳索和杀猪刀的话，那是一点门都没有的。以前的领导也不是没试过，一百人也捉不住它。狗也没用：猪兄跑起来像颗鱼雷，能把狗撞出一丈开外。谁知这回是动了真格的，指导员带了二十几个人，手拿五四式手枪；副指导员带了十几人，手持看青的火枪，分两路在猪场外的空地上兜捕它。这就使我陷入了内心的矛盾：按我和它的交情，我该舞起两把杀猪刀冲出去，和它并肩战斗，但我又觉得这样做太过惊世骇俗——它毕竟是只猪啊；还有一个理由，我不敢对抗领导，我怀疑这才是问题之所在。总之，我在一边看着。猪兄的镇定使我佩服之极：它很冷静地躲在手枪和火枪的连线之内，任凭人喊狗咬，不离那条线。这样，拿手枪的人开火就会把拿火枪的打死，反之亦然；两头同时开火，两头都会被打死。至于它，因为目标小，多半没事。就这样连兜了几个圈子，它找到了一个空子，一头撞出去了；跑得潇洒至极。以后我在甘蔗地里还见过它一次，它长出了獠牙，还认识我，但已不容我走近了。这种冷淡使我痛心，但我也赞成它对心怀叵测的人保持距离。

我已经四十岁了，除了这只猪，还没见过谁敢于如此无视对生活的设置。相反，我倒见过很多想要设置别人生活的人，还有对被设置的生活安之若素的人。因为这个原故，我一直怀念这只特立独行的猪。

赏读

不错，在当代中国文学中还绝少有人如王小波这般以透彻、魔性而又迷人的方式书写"历史"的梦魇与权力的游戏。他所书写的固然是具体的中国的历史，是一代人的集体梦魇和痛苦记忆——"文化大革命"的岁月；但远不仅于此，它同时是亘古岿然的权力之轮，是暴力与抗暴，是施虐与受虐，是历史之手、权力之轭下的书写与反书写，是记忆与遗忘。

如果说在王小波灿烂而沉重的戏谑笑容背后是一颗浪漫骑士的心灵；那么，"自由"与"理性"在王小波的笔下，尤其是在他的小说里，并非一个新的神话、一个浪漫的传说；而是一份清醒的伤痛，一个被沉思并拆解的对象；而在他的行为与书写方式中，它是多重意义上实践，一种间或充满痛楚与迷惘的实践。从某种意义上说，王小波的作品中充满了奇异的、非理性的场景，但它们并非仅仅是明洁的理性之镜映照出的异己者与敌人，相反，一如自由始终是压迫“游戏”中必需的一方；非理性也始终内含于理性的实践之中。于是它不仅是理性与自由的书写，而且是对理性与自由的书写。

王小波及其文学作品所成就的是一个思索者或许应该径直称之为知识分子、一次几近绝望地“寻找无双”智慧遭遇之旅；他所直面的不仅是暴力与禁令，不仅是残暴的或伪善的面孔之壁，而且是“无害”的谎言、“纯洁”的遗忘，对各色“合法”暴力的目击及其难以背负的心灵忏悔。王小波对历史中的暴力与暴力历史的书写，与其说呈现了一幅黑白分明、善恶对立的图景，不如说构造一幕幕狂欢场面；或许正是在古老的西方狂欢节精神的意义上，王小波的狂欢场景酷烈、残忍而酣畅淋漓。这间或实践着另一处颠覆文化秩序的狂欢。在其小说不断的颠覆、亵渎、戏仿与反讽中，类似正剧与悲剧的历史图景化为纷纷扬扬的碎片；在碎片飘落处，显现出的是被重重叠叠的“合法”文字所遮没的边缘与语词之外的生存。

话题探究

1. 在《鸟群——五重奏》（节选）中，作者周晓枫认为“鸟是神的拟态”，请结合文本谈谈你对这句话的理解。

2. 《巩乃斯的马》写马，《驮水的日子》写驴，两篇都写出了动物与人的亲密关系，相比较之下，你更喜欢哪一篇？为什么？

3. 在《蚁国之镜》中，筱敏写道：“人愿意相信自己是万物之灵，人愿意在上帝那里照见自己，而不是在蚂蚁那里。”请结合文本谈一谈这句话带给人类什么样的警示？

4. 王小波为何敬称“一只特立独行的猪”为“猪兄”？这和当今时代许多人把动物当成宠物的态度相比有何不同？你更认同哪一种对待动物的态度？

生态反思

导读

18 世纪以来，从神权下觉醒的近代人不仅确立了以人为本的法则，而且从蓬勃发展的工业文明中发现了人的无尽的力量，启蒙哲学家康德甚至提出“为自然立法”的哲学主张。彼时的人们无不陶醉于人定胜天的乌托邦式的幻觉之中，森林的砍伐、工业污水的随意排放、山林海洋的破坏成为发展原则下的必然行为。随着高科技的普及，人类对技术力量的盲目崇拜进一步加速了人与自然的分离。可以说，人与自然二元对立的人类中心主义世界观是当今日益严峻的生态危机的作祟者。

1962 年，美国蕾切尔·卡逊的《寂静的春天》一书的出版，掀开了世界生态文学创作的幕布，自此相关创作便始终被置放于全球性生态危机这一文化语境之下。对于生态现实的有力摹写、对于人类破坏性行为的反思成为当代生态书写者努力的方向。由于人类对欲望与利益的无尽追求，雾霾围城、垃圾遍地、污水横流，不仅生态圈遭受重创，人类本身也因此被反噬，生态灾难层出不穷，生态困境正成为弥漫全球、逾越国界的人类共同困境。正是出于对自然家园、人类社会的高度的生态责任感，当代作者或者以纪实的方式直面中国的生态灾难，对人类蹂躏自然的疯狂行为进行披露，对现实敲响警钟；或者以生态理念的理性观照为维度，对现代人类破坏自然的行为进行批判与反思。

本部分所选的五篇文章，有纪实性的报告文学，有讽刺性诗歌，有一咏三叹的散文，也有犀利、猛烈的议论文，它们以不同体裁、从不同角度对当下的生态灾难进行了锋芒毕露的批评与痛定思痛的反思。于坚的诗作《事件：棕榈之死》以冷静、克制的笔调对无情现代化所毁灭的棕榈树进行了哀悼。一棵固执地活在稠人广众下的棕榈树是都市与自然的秘密沟通处，也是曾经天人合一的传统生活的象征。然而，随着城市化进程的无情要求，棕榈树被连根拔起，成为都市现代化进程下的无辜牺牲品。徐刚的《伐木者，醒来!》是一篇激情昂扬、具有现实力度的报告文学。通过实地调查，作者以一连串令人触目惊心的数字揭露了森林被乱砍滥伐的境况，利欲熏心的伐木者为了满足一己私欲，大肆砍伐森林，所造成的水土流失、植被破坏成为几代人都难以承受之重。袁劲梅的《父亲到死，一步三回头》以哀婉的笔致记叙了生物学家的父亲对鱼儿、鸭子的牵挂，而这牵挂背后是老一代科学家对日益恶劣的生态环境的担忧与痛心。杨文丰的《雾霾批判书》是一篇科学性与审美性合璧的优秀散文，作者站在人类安全、百姓幸福的角度，从线性的历史史识出发来批判雾霾现象，古今中外纵横而谈，议论、抒情、纪实融为一体，充分体现了作者的才气、担当与高度责任感。华海的诗歌《蓝藻牌湖水——蓝藻自述》以反讽的声音、拟人的手法，通过蓝藻的自述披露了太湖蓝藻污染事件。由于无序的工业发展，工业污水的违法排放，曾经清澈可直接饮用的太湖水成为蓝藻疯狂滋生的温床，千年的湖水毁于一旦。正是在蓝藻炫耀性的自述中，作者批判的锋芒处处闪现。

作品

事件：棕榈之死（节选）[1]

于坚

十年前我初次见它　在南方
红色高原上的外省　旧昆明的下午
平静的时间　鸽子和庸人的年代
远离革命　远离开阶级之间的斗争
阳光　经过复杂的折射　构造出一个光学系统
在水泥板块和玻璃钢的岩层之间穿过
穿过四点钟的阴影
像伦勃兰创造的侧光　形形色色都被抛进黑暗
大约一分钟　整个街区　只有它处于光辉之中

气象非凡　我不由自主地暂停　万念俱灰　只把它凝视
木料和电线杆中唯一的一棵树　明白无误
一刹那我灵魂出窍　一个词在我的感官中复活
哦　这是一株棕榈

---

① 选自《我述说你所见：于坚集（1982—2012）》（作家出版社 2013 年版）。于坚，生于 1954 年，云南昆明人，著有诗集《对一只乌鸦的命名》《于坚的诗》等。

据说它的历史与殖民有关　一株帝国的棕榈
以前属于领事先生　现在属于祖国
在一棵树中一棵树没有开始　一棵树只不过是现象
它看不见的含义　使人闷闷不乐地记起
世界上　还有另一类生活　得意洋洋地种植在棕榈树下
你要么愤世嫉俗　在殖民地的余孽旁居住
要么对它视而不见　作为为分到住房而狂喜的单身汉
在无人敲门的星期天　冲着它洗脸漱口

它的躯干在天生的线条中旋转　犹如被索子残暴地勒过
一直旋转到群鸟的脚趾下　但没有鸟
铁丝和电线　是唯一被它纠缠不清的东西
有理由说它是受难的树　因为神的一切经典
都是在世界的南方完成　一棵棕榈树
一匹骆驼　美酒面包　几个使徒　先知盘腿坐在阴处
神迹　只留下发黄的书和插图
这附近没有教会　不养骆驼　不产美酒
欣欣向荣的商业区　城市的黄金地段
这儿确实有利于一个人　出人头地
但不适合一棵树　追求上进

受难的植物　夹杂在单位的空隙里　事关祖国绿化
不涉及分配　升迁　不属于任何私人　没有人为它浇水
它一如既往　令人放心地活着
不必去校正或者歪曲　它自会像一棵树那样
蓬勃向上　高尚正直　与精神的向度一致

它的根部已被水泥包围　只留下一个洞
供它的根钻下去　在世界之外　在黑暗中
秘密地与它的源头　保持沟通
犹如一部落伍的手摇电话机

孤独地穿过水管和煤气管　坚持着陈旧的线路
世界的号码早已升位　它的密码只有上帝保存
上帝是它的接线员　也是它的终端

它的本色早已模糊　犹如一个音节
许久不进入交际场合　不适于在标语里出现
口语中也很少应用
灰白色　也许是棕色或褐色　不得而知
难以辨认的植物　它像街道上所有暴露在外的部分
一日日被那些脏手　将它涂抹成日用的木料
为公家悬挂标志　被私人晾晒衣物　让疾病张贴广告
它因此得以避免致命的伤害

抱残守缺　但仍旧区别于木料
在麻木不仁的下部　它混迹于公共场合
但在上面　高出于人群的部分
它坚守着原样
一望而知　这是一棵活着的棕榈　但要仰视

有一个夜晚它的躯干是白色的
犹如从天空中下垂的光束
没有木质　我见过的幽灵　它来到我的梦中
在镜子深处　我看见它已经弯曲

它种植在一个要求上进的街区　革命已成为居民的传统
天天向上　破旧立新　跟着时代前进
这是后生的愿望　长辈的共识
当每一个住址都在刷新门庭　装修内部

它像一个保守党的遗老　改朝换代　一直当着棕榈
固执着过时的木纹　与环境格格不入

它是唯一的绿头发　最后的绿头发
在这个街区　只有它叫作棕榈
它是它自己的祖父和父亲　又是它的儿子和孙子
有些东西与人不同　永远无法改变
开始就是终结　要么毁灭它　要么迁就

没有任何力量　能够令这个无神论的街区
丧失理智　突然间神魂颠倒
把一棵一成不变的棕榈树　奉若神灵

那一天新的购物中心破土动工　领导剪彩　群众围观
在众目睽睽之下　工人砍倒了这棵棕榈
当时我正在午餐　吃完了米饭　喝着菠菜汤
睡意昏昏中　我偶然瞥见　它已被挖出来　地面上一个大坑
它的根部翘向天空　叶子四散　已看不出它和木料的区别
随后又锯成三段　以便进一步劈成烧柴
推土机开上去　托起一堆杂石
填掉了旧世纪最后的遗址

这不是凶杀　也不是暴行　不会招致公愤　也不会爆发欢呼
犹如墙壁已经粉刷完毕　把一根生锈的钉子拔除
或迟或早　不需要什么犹豫　斟酌　这种事与鬼神无涉
图纸中列举了钢材　油漆　石料　铝合金
房间的大小　窗子的结构　楼层的高度　下水道的位置
弃置废土的地点　处理旧木料的办法
没有提及棕榈

赏读

于坚的《事件：棕榈之死》写于1995年。此前的20世纪80年代，于坚的诗歌便以与“朦胧诗”的鲜明不同而引人瞩目。约略地说，他回避了朦胧诗鲜明的社会批判意识和道义承担色彩，而强调对个体生命日常经验的准确表达；他回避了朦胧诗整体修辞基础的“隐喻—暗示”方式，而追求口语的直接、诙谐、自然，在透明的语境中用陈述句型体现个人化的语感。与朦胧诗相比，他的情感体现出非崇高化、非文化，平和地面对本真的世俗生活，并发掘其意义和意趣的特征。于坚大胆地宣告从现存的语言秩序中退出，向另外一个世界飞翔。这种甘愿成为诗坛异端的勇气，为当代诗歌带来了新的希望。

于坚相信，他所离开的事物，并非事物的本身，而恰恰是事物的遮蔽物；也非存在的本身，而是存在的附生物。如革命冲动、乌托邦、集体幻想、神话原型、知识谱系，诸如此类。这里所蕴含的新的话语霸权，导致的是对真正的诗、真正的生活的压抑。于坚向它们发出挑战，旨在把诗歌和生活中被压抑的部分彻底地解放出来，不再使诗歌沉浸于那些大词大话的幻觉中，从而恢复生活中那些微小、琐碎、无意义之事物在作品里的存在权利。这种向下的写作努力，把生活还原成了生活本身，而不再是传奇、乌托邦、形而上。于坚主张回到事物与存在的现场，他反对任何与生活无关的写作，也反对为了与西方接轨、为了使自己的诗歌适合于翻译就盲目地臣服于某种与自己的心灵相距遥远的价值体系。

但与于坚的世俗性并存的，是他的神性。于坚是个有神论者，他自己也说：“我内心一直暗暗相信这个世界是有鬼神存在的，万物有灵。”他的很多诗都写到自然、树、水、高山等，与其他诗人不同的是，这些事物对他而言与其说是诗歌对象，不如说是心灵的外化，充满神性的光辉的所在。在提到它们的时候，他常常会表现出一种发自心灵深处的感动，一种无言的心灵的战栗，一种谦逊地领受万物和感激地体验自然的与万物深沉的内在交流。作为一名诗人，于坚一方面将诗歌从神性的、形而上的、终极意义上的悲剧美学拉回到人性的、感官的、日常的生活状态中来，另一方面又在书写大地和自然的神性。

《事件：棕榈之死》集中了于坚对生活的世俗性与自然的神性这两方面的追求，可以看作是他对“传统日常生活”、对自然万物被“现代化”无情摧毁这一事件的无奈与惋惜。面对数码复制和基因复制的技术主义时代，人们的“世俗生活”和自然生活落后了，于坚安身立命的日常生活和精神家园也失效了，棕榈的死亡意味着他理想生活的消逝，他因此发出痛惜和呼号。

作品

伐木者，醒来！（节选）[①]

徐　刚

一

在大都市，高楼和水泥预制板把人们互相隔绝着，习惯带来的惰性使我们对远离大自然，对听不见鸟叫看不见树林已视为平常，负离子发生器的出现使人们更加麻木，以为从此以后在自己的斗室里空气便会永远清新。大自然是不能再造的，可以再造的就一定不是大自然。

孩子的天性使他们的目光里充满了渴求。他们在两平方米的阳台上孤独地看着天空，盼着群楼中间那几棵长不大的小树能给他们一点绿色；把雪白的大米洒在阳台上，期待着麻雀来啄食，他们以为麻雀在这个世界上几乎是唯一最美丽的小鸟。

3 月植树节给人带来的短暂的喜悦已经过去，很少有人关心这些小树它能否成活，因而能活下来的只有三分之一。当人类在没有把自己的生命和树木的生命联系在一起之前，而仅仅

① 选自《伐木者，醒来!》（吉林人民出版社 1997 年版）。徐刚，生于 1945 年，上海崇明人，著有《守望家园》等。

把植树当作是摊派的任务时，人与树之间的距离和隔膜是无法消除的。通过电视媒介人们还发现，就在这一天有很多人还没有去种树，而是去拍照了。十几个、几十个镜头对着一棵树，前呼后拥的人把刚种下的树周围的松土踩得结结实实。人们对于自己上镜头或者把别人送入镜头，要比种树有兴趣得多。

二

也许就在植树节的那一天，或者是刚刚过去之后的春天的某日，当大自然又把一年一度的新绿送到人间时，忽然发现，那种朴实的对春的期盼和歌的轻柔已不复存在，春风一样的林中散步，贝多芬在维也纳郊外的小森林里对每一片叶子每一只小鸟的倾心相诉，已成为遥远的过去。中国人不认识贝多芬，很少有人知道他的这句名言“我爱一棵树甚于爱一个人”，在他最痛苦的时候只要想到树木、旷野，他就会重新激发生活的热情，田园，在他的每一个音符里延伸着希望……

取代之而起的是什么呢?

无论在阳光下还是月光下，只要屏息静听，就会听见从四面八方传来的中国的滥伐之声，正是这种滥伐的无情、冷酷、自私组成了中国土地上生态破坏的恶性循环：越穷越开山，越开山越穷，越穷越砍树，越砍树越穷!

三

1987 年 3 月，广西南丹县国营林场被哄抢，一米多高的树根上至今斧痕累累，一片荒芜连着一片萧条，谁能想到这里曾是面积为 19 万亩的浩瀚森林!

1984 年以来，乡民结伙哄抢、盗伐这个林场的林木，在兰店堂、马老门等处，约 1 000 亩成材林被盗伐一空，又将八腊坡等地的 400 亩森林砍光伐尽。1987 年春节，在爆炸声中长湾站的 150 亩林木顷刻倒地。有一些人尚觉得砍树拉树太累，干脆哄抢已由国家按计划砍伐好的成堆木材。两年多来，这个年伐木量 1 万立方米的林场被盗伐 15 000 立方米，合人民币 400 多万元!

那里的万元户很多。

那里的万元户当得很容易，只要敢偷敢抢。

那里的万元户愈多，南丹县的森林就会愈少。

4月，距广西山口林场盗伐不到一个月，贵州黎平县的很多村寨都堆放着木材，德顺村一个村民组的33户人家门前，所堆放的木材计有1 000多立方米，以致桶竹林场附近的公路两旁，堆放的无证采伐的木材长达1公里，木材堆积1万多立方米！

这些数字可观的从国有林中砍伐的木材转眼之间已经不是属于国家的了，而属于那些已经富起来和将要富起来的万元户们！

一切都是轻而易举的。洪州区以更新国有林为名，向县政府报告要求砍伐摩天岭国有森林。县里同意砍伐500立方米木材，区政府将指标承包给5个人，因为这5个人砍伐了993立方米，便引起一些群众的哄抢滥伐——要富一起富，要穷一起穷的结果是大伙儿上山一起砍，中国人在需要主持正义的时候总是十分成熟稳健犹豫踌躇，可是为一己之利而去破坏的时候却倒是无所畏惧的——摩天岭国有林计3 000亩，无数栋梁莽苍苍一片毁于一旦！

这个县的水口区林场有林面积5 700亩，1985年区里将领导权下放给水口镇，水口镇党政机关修办公楼缺乏资金，县人民政府同意从林场里伐木200立方米收入5万元。结果办公楼和卖木材的钱都无影无踪。

水口镇的负责人还带头砍树造房，群众跟着砍，盗伐事件接连不断，白天砍不够晚上接着砍，一个国营林场，5 700亩森林被活活砍去80%！

靠近县城的国营花坡林场，国家投资200多万元，有林面积63 000亩，就在县委、县人民政府的鼻子底下，干部、农民哄抢林木已成家常便饭，现已查明有20 000多亩森林被砍被偷被抢——被毁！

这个县的县太爷们坐得住吗？

几次大规模的砍伐国有林均先由县人民政府同意，然后严重失控，大片森林被砍倒。

更使人惊讶的是，仅1986年，由这个县的领导人批条子被砍伐的木材达10万多立方米。

批条子也是中国的特产，一个权势者的一句话一张巴掌大的纸条几个歪歪扭扭的字，其实效超过了多少法律、法令、通告、布告之类。从黑龙江德惠县的45万斤瘟猪肉到贵州梨平县的10万多立方米木材，无不如此。而人民不堪重负的是，在封建社会知县只一个，管的事儿还不少，就算他也批条子不就他一个县官吗？现在的县里光正副县委书记、正副县长至少不下十个，无怪乎这条子变得越来越沉重了！

可以肯定的是，在这种地方《森林法》《森林法实施细则》尽管已颁布多年，违法犯罪者是不会得到严厉制裁的，因为上梁不正下梁歪。

在有林场的地方，生财之道也是五花八门的，起主要作用的“杠杆”是权和利。黎平县采伐证的发放权都控制在县、区、乡、镇政府手中，按规定每张采伐证应收工本费 0.50 元，但有的乡镇政府规定：每采伐 1 立方米木材收款 15～30 元不等。一些不法分子乘机贩卖采伐证、伪造公章、伪造运单，内外勾结大发森林财。

森林，就在这样的重重包围之中！

四

一个“钱”字，使社会、使人生出了多少困惑！

当中国人好不容易把“钱”与万恶不赦区分开——其实在这之前，无产阶级也没有离开过钱，而不择手段的发财致富已经从缺斤短两、假、冒、劣、次的坑害人发展成了对自然资源的严重破坏，不惜损害国家利益、掠夺子孙后代！

今天的一部分人富了，明天面对的却是一片荒野秃岭，从长远来说其实比过去更穷了！

福建安溪县以出产铁观音茶闻名，这几年铁观音茶和观音菩萨一起时来运转，销路大增，为此而发财的不少。于是毁林毁地种茶成风，短短三五年时间，水土流失已经显而易见。这种现象如成为恶性循环，失去了生长铁观音茶的高山竹园所特有的环境及气候条件，到时候农田既毁，树木已不复存在，而茶园也势必凋敝，山民何以为生？子孙何以为业？留下的也许只是现在到处流行的一纸关于铁观音茶的广告——

> 安溪铁观音茶是我国乌龙茶中的极品。竹园地处安溪高山，自然气候条件得天独厚，其特殊的采制加工技术历史悠久，所出品的铁观音茶，香气清郁，滋味甘醇。以独特的铁观音韵味而驰名中外。饮后回甘，去暑解热，消食利尿，杀菌疗疾，提神醒酒，消肥降压，还能防牙蛀、抗辐射、防癌，是当今原子时代的高级的饮料。

这一篇广告全文是笔者从一盒铁观音茶的包装盒中得到而实录的。铁观音驰名中外此话不假，从防牙蛀到防癌抗辐射，广告已做绝，笔者也不敢怀疑，无限感慨的只是：后人将怎样品味我们？历史将怎样品味今天？

使福建省林业部门大为不安的还有，如很能赚钱的食用菌——白木耳、香菇等是以砍伐后的阔叶树作为主要原料的，为着赚钱而不惜砍树，赚小钱而失去了本应造大福于今人和后人的森林，令人不寒而栗！古田县以古田银耳闻名，在消耗了大量森林资源后，现在全县仅剩下阔叶林蓄积18万立方米，老树所剩无多，从今年起砍伐幼林。闽侯县的三个乡，在1986年因生产食用菌便砍伐了2万多立方米的木材！

食用菌何以如此风行？原因是周期短，投资少，效益高，许多贫困乡都把生产食用菌作为扶贫致富的主要手段。而贫困乡几乎一律都是森林少，土地薄，于是在把自己的树木砍光之后又去邻乡邻县购买、偷伐。

1986年，福建省为生产食用菌而消耗阔叶树木材138万立方米，全省现有的阔叶林蓄积量已锐减至1.3亿立方米！

阔叶树造林不易，成林更难，而且生产周期长，有关专家已经发出了福建省阔叶林资源即将枯竭的呼吁，我们还要啃祖宗的骨头，吃子孙的种子吗？

我们并不否认在耗去了如此众多的森林之后，铁观音和白木耳能使一部分农民脱贫，然而由此付出的代价却是留下了一处处脱血的荒山和田野！

城市也不甘落后。为了美化城市的有之，为了弄钱的也有之，于是大家都往山上跑，有消息说，地处我国“三北”地区的青海西宁，从六盘山、贺兰山移植常青树、花、灌木达二十余种，包括青海云杉等野生植物14万余株。而“三北”地区的森林覆盖率是最低的，仅达5.9%。这样大规模地到山上挖掘野生植物，或移栽为城里人观赏或制作盆景高价出售，结果是越有开发利用价值的野生花卉植物、越是森林植被较好的地区，遭到破坏与灭绝的危险性就越大越快！近两年来，名贵观赏植物如苏铁、山茶、杜鹃、兰花、百合等野生资源已大大减少，有的濒临绝迹！

而距崂山海岸20公里处的长门岩岛上，我国北方唯一的十分珍贵的观赏植物——野生茶正面临灭绝。这种原始物种是常绿阔叶树，于冬春之交开花，群体花期达半年之久。蒲松龄笔下太清宫山茶花化为花仙降雪的故事，更是流传天下。太清宫位于崂山，山茶花即长门岩野生茶。当地人民一直把山茶花当作仙花，野生茶长期以来一直覆盖着大半个海岛。时至今日，崂山陆地野生山茶已经绝迹，只有长门岩岛上尚存549株，且已衰败。这种绝不容易生长、保存的原始植物，被人们毁于一旦时却并不费力：一些渔民、花贩子折花挖树采种掘苗无所不为，不到三年时间，连同一个美丽的神话，我们将最后失去！

人类至今还不懂得这样一个道理：当他们使生存在这个地球上的森林及别的野生植物陷于困境的时候，最大的受害者是人类自己；人类必须从自私的心态中解放出来，学会和它们和睦相处；当人类以爱心对待一株树一根草的时候，这一株树这一根草也同样会以爱心关照人类。

一个曾使我们很多人惶惑不解的例子是：那些被人们小心翼翼地从山上挖掘回来，并珍养于花盆中、阳台上，日日施肥浇水的野生的植物却终于养不活而枯死了！

两年前，美国一个植物学家做了这样一次实验：让一个人当着一根植物的面折断了另一根植物。然后由一队人在没有被折断的植物面前经过，仪器表明：当那一个扼杀另一根植物的“凶手”经过时，它的同类发出了呼救的信号！

人不可能占有一切。

人的狂妄、自私与愚昧如果不是因为大自然的及时的惩罚而稍有挫折的话，人类毁灭自己的速度将会更快！

在人们通常提及文化素养、文明程度这些名词时，我们时常忘记了对大自然的古老文明的崇敬、爱戴、珍惜。我们作为家教对孩子的教育是爱惜每一分钱，决不是爱惜每一根草；我们习惯于把心灵锁闭在很窄小的天地中，而不是去展开想象的翅膀：我们无疑应该爱护老人，但我们为什么不去帮助老树？

十一

中国人是怕别人掘自己的祖坟的。但我们时常忘记我们的最早的老祖宗便是从森林中站立并走出来的。作为生命的摇篮，森林在人类的文明史上是最初也是最美丽的一章，对森林的顶礼膜拜曾经产生了多少美丽的神话和传说！可悲的是人类越是进化，越是远离森林，越是不了解森林。正是这一种断裂产生了人与自然的全面对抗。

距今3.75亿年的时候，植物登陆全面成功，它们的原始茎开始分工，分别起着根和叶的作用，最先长出的木质细胞使它们能得以站立并长高。地球此时，辽远而宁静，一片无声无息的世界，色彩也是单调的，有花的植物还没有出现，活着的植物一律是绿色，枯死和腐朽的植物全是黄褐色，还没有鸟兽，只有几种昆虫和蜘蛛的祖先已爬上岸来，惶惑地看着这陌生的世界，如同所有真正的开拓者一样，它们丝毫也不知道它们自己就是后来布满地球使地球有声有色的动物大军的先锋。

森林就是这样形成的：从单细胞藻类发展到高大树木，从细胞之间没有分工的低等植物发展到花、叶繁多的高等植物，从水中登陆到地上。这样的过程现今的文字不难表达，在今天的任何一片森林中行走几十米就能看到这纷繁复杂的变化的某些过程，然而它却是植物在几亿年演变着的道路上反复摸索、出生入死的经过。它给人类的丰富启示在人类毁灭之前是真正永恒的——许多新的发展途径在尝试之后又被放弃；为了生存发展就必须要有大勇气冒险；各种结构的不断增加、减少、再增加；有的植物整科遭到毁灭，只留下化石作为见证；同样的植物在一个时期是森林中的主宰，而在另一个时期却是大树下矮小的臣民！

美国著名作家、博物学家彼得·法布在他的著作中，把地球上植物的发生、发展过程浓缩在一天 24 小时之内，所得到的数据是饶有兴味的，足以使现代人三思三省。

以最早的微生物发生于午夜为起点，到下午 8 点以后——也就是一天的时间过去六分之五以后，海洋中的生物才繁殖旺盛。在下午 9 时以前，植物登上陆地；9 时 50 分，石炭期的森林达到全盛时代。到下午 11 时以后，近代开花植物开出第一朵花。直到午夜完结前仅剩下十分之一秒的时候，人类有记载的历史才告开始！

远在人类出现之前，森林就为他们搭起了绿色的帐篷，空气清新而湿润，林地是柔软的，并且有了无名的小花，微笑着，像森林的公主一样迎接人类的到来。古人类在树上攀援，在藤条上荡秋千，从各种野果的浆汁中获取营养，有野兽可供食用。茹毛饮血在现在听来是可怕的，在亿万年前却是森林中最美好的野餐……

我们现在的所有人的祖坟都在森林中。

我们以后的所有的后人的生命之摇篮仍然在森林中。

让我们放下斧子！

人啊，你应该忏悔！

赏读

徐刚是一位曾经获选“世界大题材写作者500位”之一的报告文学作家，20世纪90年代以来致力于人与自然的研究及写作。在环境日益恶化的现实面前，他对生活、对国家的热忱转变为触手可及的强烈的忧患意识。他已能够沉潜下来对人与自然进行深入的思索。他的《伐木者，醒来!》对中国环境发出的棒喝之声以及所起的警醒作用，着实可与蕾切尔·卡逊的《寂静的春天》媲美。他行文之中的愤激之情常常能令人怒发冲冠。徐刚的报告文学中所揭示的事实及所进行的痛彻反思，实在应该是目前许多无视环境生态后果，盲目追求眼前利益者的一剂清醒剂。

在中国当代生态文学作家中，他代表了那类眼界开阔、气势宏大的写作。徐刚的生态报告文学揭示了中国森林、江河、土地等诸多方面的严重问题，伴随着危机预警而喷涌的是他的悲悯、沉痛、焦灼、激愤和无奈，以及急不可待的救赎诉求，表现出他对自然生态的爱之深，对人类急功近利的忧之切。“文学不仅要写人与人的关系，还要关注人与自然的关系；生命不仅属于人，也属于大地之上的万类万物；作家不应该再去助长人类的贪婪、自私，而要讴歌生命的广大和美丽。”这是徐刚文学创作的基本原则，也是对当前文坛中那些沉湎于城市人的琐碎生活与幽暗心理的狭隘文学视野的作家们的潜隐批判。的确，在徐刚的生态散文中，我们能感受到广大的生命世界给文学带来绚丽的色彩和飘逸的灵性，他那忧愤深广的生态批判观更是植根于对生命的广大和美丽的眷恋。

阅读徐刚的生态报告文学，读者不仅会顿生危机之虞，而且感受到沉重，“具有沉重感的报告文学作品，在某种程度上也就意味着作家对于生活沉入达到相当的深度。沉入便会负重，负重的作品才会有它的分量。报告文学并不是因为需要低眉浅唱、吟风弄月才出现的轻浮文体，负重才是它的重要的文体使命”。徐刚背负着祖国的生态忧患写作，作品承载着他的近忧远虑，承载着遍体鳞伤的大地、污染的江河、肆虐的风沙，承载着对人类的一种长远和终极关怀，岂能不沉重?

作品

父亲到死，一步三回头[①]

袁劲梅

我小的时候不知道鱼会生病，鸟会中毒，小孩子会死。但是我的父亲知道。他是一个生物学家。后来我父亲死了。我父亲的学生告诉我，长江的鱼不能吃了；在江边白茅上飞着的鸟儿，飞着飞着就摔下来死了，是铅中毒；在长江边出生的孩子，小小的年纪就得了肝癌。

在人们还没有反应过来为什么的时候，那条从天际流进诗里和画里的长江，突然丧失了衬托落霞孤鹜的闲情逸致；突然关闭了博览千帆万木的宽阔胸怀。长江，突然变成了我们的“敌人”。

在我最近一次回到江南的时候，我看见长江浑黄的水闷声不响地流着，像一个固执的老人，拖着一根扭曲的桃木拐棍，怨恨地从他的不肖子孙门前走过，再也不回头了。这时候，我感到，我必须告诉长江和长江边的不肖子孙我父亲的故事。我

① 选自《父亲到死，一步三回头》（长江文艺出版社2013年版）。袁劲梅，女，生于1967年，江苏人，美国克瑞顿大学哲学教授，著有散文集《父亲到死，一步三回头》等。

父亲到死对长江都是一步三回头。我希望等到人们总算懂得该向自然谢罪的那一天，会想起我的这些故事。

一、鱼的故事

我父亲死在美国的亚利桑那州。他去世之前，我和我弟弟带着他旅行了一次。这是他一生最后一次旅行。他拍了很多他感兴趣的照片。回来后，他把这些照片一一贴在他的影集上，每张照片下还写上一两句话，像是笔记。每次，我翻开他这本最后旅行的影集，看着他拍的这些照片，他写在这些照片下的那些句子，就变成了一张张褪了色的老照片插了进来，讲着一些关于父亲的故事。

譬如说，影集的第一页，贴着两张父亲在夏威夷阿拉乌玛海湾，用防水照相机在水下拍的鱼儿。那些红黄相间的热带鱼，身体扁扁的，像蒲扇，在海里煽动起一圈圈碧蓝的波纹，那波纹像一习习快活的小风，鼓动着旁边两根褐色的海草。热带鱼在水草间平静地游逸，逍遥自在。

父亲在这两张照片下写着：“鱼，鱼，长江葛洲坝的鱼是要到上游产卵的。”

父亲像很多老人一样到美国来看望他的儿女。没来之前想我和弟弟想得很热切。才到一天，就说：“我最多只能呆一个月，我有很多重要的事情要回去做呢。”我和我弟弟说：“您都退休了，那些重要的事情让您的研究生做去吧。”父亲说：“研究生威信不够，没人听他们的。”我和弟弟就笑：“您威信高，谁听您的?”父亲唉声叹气。但过了一分钟，又坚决地说：“长江鱼儿洄游的时候，我一定要走。”

长江鱼儿洄游的时候，我父亲从来都是要走的。这个规矩从七十年代长江上建了葛洲坝开始。我记得我父亲的朋友老谷穿着一双肥大的黑棉鞋，坐在我写字时坐的小凳子上狼吞虎咽地吃一碗蛋炒饭，父亲穿一件灰色的破棉袄唉声叹气地在小客厅转来转去。

“坝上的过鱼道没有用?”父亲问。

“没用。”老谷说。

“鱼不从过鱼道走?”父亲问。

“不走。”老谷说。

“下游的鱼上不去了?”父亲又问。

“我刚从葛洲坝来。鱼都停在那里呢。”老谷说。

“造坝前，我早就跟他们说了，鱼不听人的命令的，鱼有鱼的规矩。”父亲说。

“葛洲坝的人还以为他们今年渔业大丰收呢。正抓鱼苗上坛腌呢。”老谷说。

“你快吃，吃了我们就走。”父亲说。

我当时不知道他们要到哪里去，只觉得他们惶惶不安。像两个赶着救火的救火员。后来我知道了他们带着三个研究生去了葛洲坝，在那“过鱼道”前想尽了办法，长江的鱼儿终于没能懂得人的语言，也看不明白指向“过鱼道”的路标，一条条傻乎乎地停在坝的下游，等着大坝开恩为它们让条生路。

最后，父亲和老谷这两个鱼类生物学教授只好带着研究生用最原始的水桶把那些只认本能的鱼儿一桶一桶运过坝去。并且，从此之后，年年到了鱼儿洄游的时候，他们都要带着研究生去拉鱼兄弟一把，把鱼儿们运过坝去。这叫作“科研”工作。鱼儿每年都得洄游，于是我父亲就得了这么一份永不能退休的“科研”工作。

我父亲死在长江三峡大坝蓄水之前。要不然，他又会再多一个永不能退休的“科研”工作。我父亲说：“我们这些教授，做的只能是亡羊补牢的工作。‘羊’没亡的时候，你再喊再叫也没人听。”

我们似乎是一个非常功利的民族，而且是只要眼前功利的民族。我们可以把属于我们子孙的资源提前拿来快快地挥霍掉或糟蹋掉。我们喜欢子孙满堂，可是我们的关爱最多延及孙子辈就戛然而止。至于我们的曾孙、重孙有没有太阳和月亮、清风和蓝天，我们脚一蹬，眼睛一闭，眼不见心不烦。我们还大大咧咧地嘲笑杞人忧天。天怎么会塌下来呢？真是庸人自扰之。我们的这种好感觉来得无根无据，却理直气壮。

偏巧，我父亲就是这么一个忧天的杞人。只是比杞人还多了一个愚公移山的本领——带领徒孙一年一年移鱼不止。

二、鸭子的故事

父亲影集的第二页，贴的是一群鸭子的照片。那时候，我们在地图上看见有一个叫“天鹅湖”的地方。我们就带着父亲去了。我们在一片无边无际的玉米地里开了三个小时的车，然后，就钻进这片树林。没有风，一根根老藤静静地从树枝上挂下来，像还静止在远古的时间。多年不刮的胡须，非常祥和地垂到满地的腐叶上。我们找到了这个“天鹅湖”。湖里其实并没有天鹅，却停了满满的一湖鸭子。一个挨一个，远看密密麻麻，像一个个灰色的小跳蚤。我们的狗想到湖边去喝水，一湖的鸭子突然吼叫起来，像士兵一样朝我们的狗列队游过来，保卫它们的领域。父亲哈哈大笑，拍了这张鸭子的照片。

在这张照片底下，他写道：“鸭子，上海浦东的鸭子是长江污染的证明。”

从七十年代末起，人们发现上海浦东、崇明岛一带肝癌的发病率非常高。父亲有个很好的研究生，叫黄成，是孤儿，父母都得肝癌死了。父亲时常给他一些零花钱。他们家有兄妹五个，相亲相爱，住在上海浦东地区。这个研究生读书期间，大哥也死了，还是肝癌。人们不知道原因。父亲就带着几个研究生开始了调查，研究为什么上海浦东地区肝癌发病率高。

父亲选择研究在长江下游生活的鸭子。那一段时间，不停地有一些鸭子被送到我们家来。家里小小的厨房，全是鸭屎味。我和弟弟踮着脚，捏着鼻子到厨房去找零食吃，什么油球、麻糕上都带着鸭屎臭。我妈跟我父亲吵，叫他把这些鸭子弄走。我父亲说：“弄到哪里去，总不能弄到大学办公室里养吧。”

后来研究鸭子的结果出来了，上海浦东、崇明岛一带的鸭子活到两年以上的多半都得了肝癌。结论很明显：长江下游水质严重污染。

1989 年我父亲带着一个黑皮箱，去美国参加“国际水资源环保大会”。我和他的研究生黄成送他上飞机。他的黑皮箱里装着详细的长江下游流域水资源污染状况的证据和研究报告。父亲身穿着崭新的西装。那西装的裤腿高高卷到膝盖，脚下还蹬着一双解放鞋。我和黄成要求再三，要他把西装的裤腿放下来，换上皮鞋。他说：“我整天在长江水里泡着，就习惯这样。”他就这样上了飞机。哪里像个教授。地道一个长江上的渔民。父亲半辈子都在长江上闯荡，像武打小说里的一条江湖好汉，替那些不能保护自己的长江水资源打抱不平。

父亲从美国开会回来，并不高兴。他说：“其他国家和地区的报告，谈完污染就谈整治措施。我报告完了污染，别人就问：你们国家的整治措施是什么？我没法回答。我们没有。”那个会是在十几年前开的。那时候环境保护还没有被国人当作重要的事情。上个世纪八九十年代重要的事情是挣钱。人们热衷于把自己的小家装璜得漂漂亮亮。一出小家门，门庭过道再脏也可以看不见。谁还会去管如何清理那些流到长江里，让鸭子得肝癌的东西。

去年，我在一个偶尔的机会碰见了父亲的研究生黄成。他到美国来短期访问。我问他：你好吗？他说：我来之前刚到上海去了一趟。我的最小的妹妹得肝癌去世了。于是，我们俩都同时怀念起我的父亲。黄成回忆起我父亲写过的许多论文，做过的许多报告。那些论文和报告早早地就把长江水生资源的污染与危机呼吁出来了。不幸的是，在父亲有生之年，中国的社会先是只重视与天奋斗，与地奋斗，把人对自然的无知夸张成统治自然的权威；后来，社会又变成了只重视向天要钱，向地要钱，把人的对自然的讹诈当作是从自然得来的财富。父亲像唐·吉诃德，带着他的“桑丘”——几个忠心耿耿的研究生，向社会——这个转起来就不容易停的大风车宣战，到死都一直在孤军奋战。

三、船的故事

父亲影集的第三页，是我们在卡罗拉多河划船的照片。我和弟弟怕父亲在美国寂寞，怀念他在长江上的浪漫漂泊，决定带他到卡罗拉多河上去划船。卡罗拉多河水是浅绿色的，我们的小机动船是象牙色的，父亲高高兴兴地戴着渔民的草帽，把西装裤腿高高地卷过膝盖，笑眯眯地架着方向盘，像是回到了老家。象牙色的小机动船在水面上滑过，溅起高高低低的水珠，像一只灵巧的溜冰鞋在晶莹的水面上划过一道白色的印子。我记得当时，有一只麻雀一样的小鸟飞来停在船头，我弟弟就喂它面包吃。小鸟并不怕人，居然大大方方地走到我们放食物的椅子上自己招待起自己来。父亲感叹不已，说：“这种人和动物之间的信任不知要花多少代才能在中国建立。我们江南的麻雀见了人就像见了魔鬼一样。”我当然很能理解父亲的意思。单靠几个科学家是拯救不了中国的动物危机和环境污染的。父亲在开船，他让我把他和小鸟还有船都照下来。

父亲在这张照片下写道：“要教育长江流域的老百姓。”

上海浦东的鸭子证明了长江被污染了后，我父亲就长年在长江的水域奔忙。他和他的研究生半年半年地住在渔民的船上收集资料。我和弟弟当时还小，就想混上渔船，到长江太湖溜达一圈。放暑假的时候，父亲带我去过一次。我记得我去的那条渔船很小，睡在后舱里，连我的腿都伸不直。一泡臭尿得憋到天黑，才能把屁股撅得高高地站在船沿上尿。那时候正是渔汛，船白天黑夜在水上颠簸。我父亲他们天不亮就起来在渔民打到的鱼堆里乱翻。他们把一些鱼做成切片，放在显微镜下面看。说是有些鱼脊椎弯了，有些鱼身上带血点，还有些鱼数量大减。我在船上，百无聊赖，吃了一个星期没盐没油的鱼煮饭。下了地，连走路都像只青蛙，只会一颠一跳。后来，我再没有兴趣混上渔船玩了。我弟弟还混上去过一次。那次他们去的是太湖，船也大一点。我弟弟回来连说："差点淹死，差点淹死。"以后也再不要去了。但是我父亲他们却从来没有间断过，一年又一年，到鱼汛的时候必走。紧密关注着长江流域的各种水生资源变化。后来他们干脆租了渔民的船，跟着鱼儿到处跑。从长江下游，一直到四川重庆，从太湖，一直到鄱阳湖。他们跑遍了长江流域，年年如此，不管刮风下雨。他们也收集长江流域变了形的鸟，有一只麻雀类的鸟长了三个翅膀，第三个翅膀很小，像小孩子衣服上被扯破的小口袋。我和弟弟看着好玩，父亲说，这种变异可能也跟污染有关。

后来，父亲在N大学的办公室里堆满了大大小小污染变形鱼和其他长江流域常见动物的标本。我有时候到父亲的办公室去，看见这么多被污染鱼和动物的标本，真不知道该说什么好。父亲和他的同事、研究生讨论起这些被污染鱼和动物，一个个的表情如兵临城下一般凝重。可长江沿岸的造纸厂和印刷厂依然往长江里排含铅的污水，肺结核病院和精神病院依然往长江里扔废弃的药品。他们这些无权无势的知识分子到底能干什么呢？我甚至嘲笑父亲："您的污染鱼和动物不到威胁国家政权稳定的时候，您那些对策都不会有人用的。"

父亲依然故我地在长江上忙碌。后来我发现他这样做其实是为了一种精神，这种精神是父亲生命的意义。这种精神不可以用"献身"或"热爱"等形容词来描述。这种精神是一种冷静的理性，是一种负责任。是一种不仅仅对自己负责，而且对子孙后代负责；不仅仅对今天的发展负责，而且对人类所生存的地球的未来负责的精神。这是一种科学和人文的精神。为了这样一种科学和人文的精神，父亲和他们那一代知识分子忍辱负重，做了许多直到今天才被人们看出其重要意义的事情。

四、父亲追悼会的故事

影集里的最后一张照片，是父亲追悼会的照片。那不是他贴上去的，是我的母亲贴上去的。母亲在照片下写了一行字："相濡以沫，不如相忘于江湖。"取的是庄子《大宗师》里两条鱼的典故。小水塘里的水干涸了，最后的两条鱼往对方身上互相吐着水沫，以求一点湿润。人们感叹这是多伟大的爱情呀。可是对鱼来讲，还不如让它们快活地游在大江大湖里，而互相根本不用惦记着好。生死一别，父亲回归自然。

像其他许多中国贫穷而执着的中年知识分子一样，父亲突然英年早逝了。那时候，他从那次最后的旅行回来不久。因为长江鱼儿洄游的季节就快到了，他回国的机票都买好了，却终未能成行。父亲去世前几天全身皮肤瘙痒，后来突然胃出血，吐血不止。等救护车开到我们家的时候，父亲已经过去了。除了这本影集和每张照片下写的几行对长江恋恋不忘的句子，他没有遗言。

医生告诉我们，他的死因可能是铅中毒。母亲什么话也没有说，在长江鱼儿洄游的季节快到来之前，带着父亲的骨灰按时回中国去了。父亲就这样回到了长江边。

父亲在美国对长江是一步三回头的依念，他的追悼会当然是应该在江南故里开。可母亲带着父亲的骨灰回到南京后，父亲系里的系主任非常愧疚地对母亲说：因为他们的书记倒期货，暗自动用了系里的钱。结果钱全砸进去赔了。连教授讲师当年的奖金都发不出，实在拿不出钱来给父亲开追悼会。结果，父亲的研究生黄成来了，就捐了三百块钱为父亲开追悼会，接着老谷也捐了，其他父亲的同事和学生都捐了钱。母亲哭了。

父亲的追悼会是在长江边开的，除了他的同事和学生，还有很多渔民。在追悼会上，他的生平被连续起来：

父亲叫袁传宓，出身江南一个富裕地主家庭，毕业于金陵大学。以后在N大学生物系工作了一辈子。他年轻的时候非常洋派，打领带，说英文，绝不是后来连西装都不会穿的"渔民"。他还会瞒着母亲把我和弟弟带到鸡鸣酒家楼上的西餐店去吃一份牛排。后来，"文化大革命"了，他下了农村，在农村养了几年猪。他跟所有被改造好的知识分子一样，非常努力地把自己脑袋里的非无产阶级意识当作残渣剩汁统统抖落出来清洗干净，然后紧密地和工农打成一片。七十年代，一有正常工作的机会，他就全力为长江的环境保护奔走，呼喊，直到死亡。

这就是父亲的一生。很简单。父亲他们那一代知识分子，似乎没有内心世界，他们的内心世界都得公开于众。唯一还属于他们私人的，就是一种根植于中国优秀知识分子良心中的科学和人文精神。这是他们生命的支点。

父亲的故事讲完了。长江的故事还没有完，也许永远都不会完。最近老谷寄给我一份当地的报纸，上面报道，一个渔民捕到了一条长江珍稀动物白鲟。报道里谈到，从渔民到科学家，大家都为抢救这条白鲟尽力。老谷看完之后，要他的儿子一定把这篇报道拿到我父亲的坟上去烧，以告慰老友在天之灵。因为长江里第一条白鲟是我父亲发现并命名的，那家报纸要我谈谈，如果我父亲看见人们对珍稀动物如此关爱的事迹后会怎么想。这时候，父亲已经去世九年了。终于，父亲那一代知识分子所坚持的科学和人文精神开始成为民众意识了。我父亲会怎么想呢？

我想，父亲大概会说："相濡以沫，不如相忘于江湖。"

父亲的科学家职业，让他能够比许多人看得远一点。与其到动物濒临危机了，才来赞美人类对动物的关爱，不如不要干扰动物，让它们和我们人类一样，也在地球上有一个位置，过它们和平的生活。地球不是我们人类独霸的，长江里的鱼儿有权利拒绝人类对它们的指挥或关爱。让动物按照它们各自物种的本能自由地生活，我想这可能是父亲会替鱼儿、鸟儿、鸭子、白鲟发表的独立宣言吧。

赏读

美国华人作家袁劲梅在一次访谈中谈到她的世界观和创作观：

说人类是世界的中心，是我们人自封的。整天在人群中转，看来看去都是人，很容易以为这个世界就是人的。其实不是。没有其他物种共存，人类也就和恐龙差不多了。人不能挤在一起，在自己群体里互相折腾，互相鼓气，就以为自己真是世界的统治者了，这是夜郎自大。为什么非要等到地震海啸来了，才认识到人的渺小？正确认识人在自然中的位置，是人的理性责任。

我觉得文人对社会更大的责任在"进谏"。文人的眼睛要能看到不合理，把它说出来，社会才能有希望更好。这个责任只能文人担当。文人有话语权，为生民立命，为天地立心。文学是人的作品，“物竞天择，生存竞争”作为生物进化论被介绍到中国来的时候，一开始就没有和社会达尔文主义（法西斯的理论基础之一）明确分开。到今天，还更加严重。这点，文学是有责任的。我们总觉得如果自己竞争性不强，就会失去生存地盘。我想：当我们正确认识了人在地球上的位置后，社会达尔文主义在文学作品中的地盘会减少。和平和环保的声音会增加。

袁劲梅是这样说，也是这样做的。作为一位旅美华人作家，她的作品有一种在异乡苍凉漂泊、挣扎分裂的味道；作为一位哲学家，她的作品哲思绵绵，韵味悠长。其《父亲到死，一步三回头》不仅是一篇怀念父亲的亲情散文，更是一篇痛切谴责“人类中心主义”的生态文学作品。因为作者的着墨之处既不在于梳理家族历史、展现家庭中的人伦温情，也不在于为父亲树碑立传，而是通过父亲作为一个鱼类生物学家，终生致力于环境保护却始终未能阻止环境持续恶化的悲凉一生，并基于此对现代性、对“人类中心主义”提出了痛切谴责。父亲与老谷两个鱼类生物学教授带着研究生们用最原始的水桶把那些只认本能的鱼儿一桶一桶运过水坝，以亡羊补牢、聊胜于无的无奈方式帮助它们完成洄游的场景，深深刺痛着读者的心灵……

自从西方以船坚炮利令古老中国意识到现代性的魔力后，中国就开始亦步亦趋地追随着西方在现代性的道路上狂奔。中国人在发展的旗号下，为了向自然索取最大化的能源不断改天换地，大修水坝就是其中之一。“在属于现代性话语谱系的人类中心论神话中，人类是地球上唯一的主体，需要通过‘使自然人化’来改造、解放、照亮人之外的领域。正是这种改变、塑造、控制万物的冲动消灭着世界的多样性，造成了‘自然之蚀’乃至‘自然之死’。”于是，伴随工业化进程而来的生态危机在华夏大地以比西方更为触目惊心的方式发生着。水力发电曾经被视为清洁的、可持续的能源获取方式。然而，这种能源利用方式与鱼类的生态需求之间却存在着冲突。于是，现代性的发展成为鱼类物种的灾难之源。虽然人类从自己的思维出发，自以为是地给鱼儿修造出了洄游的过道，但对只认本能的鱼儿来说，这个过道却是形同虚设的。最终只能靠两个生物学教授和弟子们使用人力来协助鱼类的洄游。这种荒诞的现实是典型的“人类中心主义”思维所造成的恶果。这种思维弥漫在每一条江河、每一座高山、每一片平原上，使得“带领徒孙一年一年移鱼不止”的愚公教授，到死都在孤军奋战，到死都记挂着长江上洄游的鱼儿。

“父亲到死对长江都是一步三回头”，袁劲梅通过父亲的深深眷恋与沉沉忧虑，发出“希望等到人们总算懂得该向自然谢罪的那一天”的感慨，希望人们有一天会想起父亲这样的具有科学和人文精神、对子孙后代负责、对地球未来负责的知识分子们。因为正是他们，才真正懂得在自然与人的关系框架中，人不仅不应该是万物的尺度，而且应该从万物的尺度上来理解自身，将人类置放在自然中的合适位置，抛弃那种“万物灵长”的傲慢，人与环境才能和谐共生——亲情之思融入更为宏大的生态主题之中。

作品

雾霾批判书[①]

杨文丰

我们不要过分陶醉于我们人类对自然界的胜利。对于每一次这样的胜利，自然界都对我们进行了报复。

——恩格斯

不消除“精神雾霾”，不建构绿色“空气伦理”，焉能天明地静，气正风清？

——手记

一、“雾霾恐惧症”在全社会蔓延

癸巳的立春，北京，又被浓浓的雾霾严实覆盖。春，被挡在城外。这个春天，最不能算作春天，中国国土的许多版图，都被锁入雾霾。雾霾内，是大地上艰于呼吸的人。

被雾霾包裹的人，如被驱赶入疑似的夜，尽管雾霾在本质上不是夜，却比莫测的夜更凝重。

① 原载《北京文学》2013 年第 7 期。杨文丰，生于 1957 年，曾用名李文锦，广东梅州人，著有《自然笔记》等。

被迫入雾霾的人，还如囚入笼中之豹，这样的人能不被怜悯吗？

血红的太阳还未完全西沉，天安门上伟人像犀利的眼睛已看不到纪念堂里沉睡的肃穆。夜来月亮隐约，街灯迷蒙。人们除感觉空气的异味，还感觉沉闷、压抑、烦躁，生出深重的恐惧。

早些时候，许多人是不明白雾霾就里的，还以为置身于仙山琼阁。

然而今日，无论雾霾来不来，民众都心有恐惧，国人有谁不是“雾霾恐惧场”中人？有谁不罹患“雾霾恐惧症”？

我们的社会，步入了“雾霾恐惧场”，生存伦理开始坍塌。

今天看见雾，你会窃想这是不是雾霾？雾成了一朝被蛇咬十年都怕见的草绳。见到雾霾，你会想象这是空中在浮无数纸钱。朦胧月色，被疑是雾霾来了。日前，我与北京朋友通电话，他说现在已不敢张大嘴呼吸，就别说深呼吸了。真可谓“厚德载雾、自强不吸”了。

帕斯卡说，那无限空间的永久沉默，使我恐惧。你我恐惧，与不知道何处才是茫茫雾霾的边界有关。

在那农业社会，谁会有这样的恐惧呢？

无知者无畏，看来仍是放之四海而皆准的真理。

我本科攻读的是农业气象学专业，气象学家算是“本家”，但我今天却深恨气象学家，何以要广告天下这雾霾凶残的真相呢？

今天，谁不晓得雾霾包括数百种大气污染颗粒物，谁不知道危害人体健康的主要是直径小于 10 微米的颗粒物。这些东西，黏附在呼吸道和肺叶，会诱发或加重气管炎、鼻炎、支气管炎、结膜炎等过敏性病症。

雾霾诱发高血压和脑溢血，催生“非典型”肺炎。

雾霾笼罩天，气压偏低，空气含氧量下降，使人心肌缺血，心血管患者死亡率陡增。

“阴霾天气比吸烟更易致癌。”中国工程院院士、呼吸专家钟南山指出。

遮天的雾霾已留下数亿中国人空茫忧恐的目光。雾霾使中国的生态环境引起了世界的热切关注。

雾霾已然成为一个政治问题，不只是严重的生态问题。

二、雾霾是对美纯空气的反动

对雾霾事件的深入认识，上升到对生命生存负责的高度，无疑是应该的；但我以为还有必要再引入自然科学审美视角。

在地球上，还没有哪一种自然物的规模之大、功能之多、作用之神奇及结构之严密，可以和大气圈相提并论。大气占据除有形物以外的所有空间，苍苍茫茫。大气的质量主要集中在由空气组成的低层上。然而，在中国人眼里，空气却姓空，而且空与气，一直是中国哲学的两个重要命题，应该是空气纯净得令人视而不见吧，在祖国文学的长河里，竟鲜见专门写空气的文字。

但这不等于不见间接表现空气的文字。最擅长间接表现空气者乃诗人王维。瞧，山居王维诗笔携来的新雨秋暝静入空山的空气，明月清辉入松林的空气，清泉流石上的空气，既静美，还染佛性……

空的字义是内无所有。空气，就真个空空吗？事实是，唯有空得似无实有（纯净）的空气，才美纯本色，才适合人类呼吸。因而这空，又是“有”的储存。

在久远的农业社会，空气还没怎么被污染，还很纯净，由氮气、氧气及稀有气体组成，成分很恒定。

在法国语言学家罗兰·巴特眼里，空气的属性首先是轻盈，其次为散漫。我却认为，空气最首要的品质还是透明。不因为爱情，是因为纯洁，所以才透明，使人不知深浅，可透过空气欣赏四时之景，天上人间物事；好空气轻松，比陶令的桃花源更陶然轻松。好空气缥缈得神秘；好空气遮蔽、吸收、散射和反射阳光、月光；空气流动，就成风，欲起风波便得与波合谋；空气有稀有薄，你当然感觉她好像无什么缝隙，但却到处都能让你进入。

在《包容一切的空气》里我写过：空气“很诗化，抽象得像光，缥缈得如雾，飘泊得似水。她深远、宽阔、无色、无味、透明、单纯、空灵。她的脚步，虚幻飘忽，无影无踪。你看不见她，尽管她有重量，更有形体，本非虚无。你用手抓她，先一握，再一拧，满以为抓住了，而你的手中，却依然虚空。”

虚空空气的缺点，莫过于太过包容，还良莠不分。

过于包容，无疑是空气伟大的根源，更是悲剧的开始。

湖水包容污物有沙泥过滤，空气容纳难容之物却无弥陀佛的消化法力，只有成为污物集中营……污物浮悬半空，便成霾。

形成雾霾的“主角”是谁？答曰：人类排放的污染之物也。

形成雾霾需要怎样的天气条件？

首要条件是气压要较低，出现著名的“逆温现象”。比如，1930 年 11 月 1 日，比利时于伊小城及附近马斯河谷地区，就产生了“逆温现象”。包裹我们的空气，气温的分布一般都是随海拔升高而下降，诚如苏轼预言的“高处不胜寒”。假如逆转过来，离大地越远处的气温反而越高，这便是“逆温现象”，所在的空气层在气象学上叫“逆温层”。空气，本有这样的脾性，就是气温越低，密度越大，越沉重堆积。比利时那天就因为近地空气是“逆温层”，发生不了气流上升运动……悬浮的污染物越积越多，终成霾。

雾霾形成的另一个必要条件是悬浮在空气的污染物能够发育成足够大的颗粒。

三、霾与雾有时同样可怕

雾霾颇具欺瞒性。

雾霾是寂静的（与恐惧相伴的场景，多是寂静的），近乎死寂，就像闻一多笔底的死水。这是百战沙场的将军也骇怕的恶战前的死寂。

雾霾的死寂，颇怪异。犹鬼子进村，不打招呼，偷偷摸摸地就来了，这可是铺天盖地的弥漫性行动。“霾”“埋”不是同音吗？雾霾一到，尘界的一切就被暗无天日地“埋”了。

这雾霾，貌似漠然冷眼，却大智若愚，吞吐八荒。

权威的中国气象局《地面气象观测规范》认定，霾，是极细微的干尘粒等大量地、均匀地浮游在空中，使空气的水平能见度小于 10 公里的浑浊现象，霾能够使远处光亮的物体微带黄、红色，使黑暗物体微带蓝色，幻变色彩，迷糊景物。

这里说到的干尘粒，是由扬沙、尘卷风、沙尘暴、浮尘等构成的复杂家族。

“当能见度小于 10 公里，排除了降水、沙尘暴、扬沙、浮尘等天气现象造成的视程障碍，且空气相对湿度小于 80% 时，即可判识为霾。”（《国家气象行业标准》）

此般定义，比中国古籍《尔雅 · 释天》所说“风而雨土曰霾”，更真实也更准确，同时，在暗示雾、霾间存在大玄机，尽管从字面看霾与雾一清二楚。

雾是什么？“雾是无数微小的沉沉浮浮的水滴或者冰晶，在近地空气层中开会，在开湿湿漉漉、白白茫茫、沉默沉默的会。”

我把云拉过来，诗化些就是：云，是飘上天的雾；雾，乃贴大地的云。

令人迷惑的，是这雾，这霾，会粉墨登场，合作欺瞒尘世。

欺瞒的表现，是雾与霾都虚浮浑浊，浑沌迷蒙，神形酷俏，易于混淆，如果满足一定条件，还能相互转化。

当然，民众未必知道，这雾与霾最大的区别，在于弥漫空中的构成物不同：雾如同《红楼梦》里的女子，大体是水做的骨肉；霾则是由扬沙、沙尘暴、浮尘及其他污染颗粒物构成的浊物男子，主要是“泥做的骨肉”。霾里雾中都含水汽，但霾的相对湿度是低于80%；一旦相对湿度高于95%，尽管无声无息，却已“宫廷生变”，霾转变成了雾——龌龊的雾，甚至毒雾。

尤其可怕的，是相对湿度在80%～95%时，就已雾霾相混，弥漫的主要已是霾。

无风时，天气沉稳如深山古池老水，污染颗粒物浓度越大，霾就越重。如果水汽饱和，污染颗粒物会凝上水汽形成雾滴——起雾焉；雾被阳光照晒发生蒸发，颗粒物依然残留在空气，不必似悟空那般摇身，雾，也会变成霾。

这真是易被混淆的视听，难辨险恶。所以我说，这个时代的雾与霾，在有的时候，可说已同样可怕了。这是你难于想象的。

然而，这却是自然律，是不以人的意愿为转移的自然律，是只要条件具备，都会自然而然变化，全然不顾什么后果，也不顾什么美学、医学后效的自然律。自然和社会，都存在不以人的意志而逆转的自然律，伟大的自然律。遵循和顺应自然律，是包括人类在内的大自然里任何成员都必须表现的基本姿态。

面对自然律，今天的人类，如果不是听天由命，无所适从，就该选择敬畏和谦卑，并做出深刻的自省和行动。

现在令人恐怖和忧患的，竟然是尘寰中人，还普遍对自然律导致的霾雾互变茫然不觉，还认为雾很洁净，很纯美，对雾毫不戒备。

何况中国人，还一直那么喜雾，爱雾，自恋赏雾的传统。

读读那些弥雾的古诗词，赏赏那些漫雾的国画，雾，被表现得何其神秘、迷离、缥缈和空寂。

那些艺术的雾和那时现实中的雾，我想，肯定不可能像今天如此“内涵丰富”。那时的雾，也起于沧海之上，漫在河山之间，也是那么静、生、散，湿漉氤氲，软绵飘拂，游荡蠕动，弥漫柔腴，白白，茫茫，但却仍是洁净的，无毒的。

还美得难于描摹。

那时的雾，与国人尚意的审美习惯居然如此吻合。

那时的雾——中国农业社会的雾，何见曾危及民众的健康和性命？谁防范过雾？

对雾没有戒备心之前，外国许多杰出的文艺家也钟情雾，表现雾。

表现雾霾早就是美国艺术家的重要主题之一。莫奈也曾被伦敦的浓雾吸引，以浓重斑斓的油彩，着力过描绘雾霾中的英国议会大厦。狄更斯还是被“雾”造就的文学巨匠，他以雾都伦敦作大背景的写实小说《雾都孤儿》已成传世经典。因霾带“病”，这些艺术作品，在今天看来，无非是误以霾为美的激情之作，是被骗取了艺术冲动的“畸形儿”，是染了无尽遗憾的“病艺术”。

今天的雾，溶解有毒物质，已是病菌病毒生长繁殖的“温床”——早已不再是工业革命以前的雾了。

需要强调的，是在今天，无论是雾是霾，都一样存在 PM2.5。

PM2.5 是什么？是悬浮入空气直径≤2.5 微米的细颗粒物，是突然蹿红，被收入了第六版《现代汉语词典》的当红词汇。

PM2.5 是雾霾的主要成分，是微米级的细颗粒物，居然依然触发“诗情”。在癸巳“两会”期间，中科院院士、全国政协委员姚檀栋还大声朗诵过自己的戏作《沁园春·霾》：

北京风光，千里朦胧，万里尘飘。望三环内外，浓雾莽莽，鸟巢上下，阴霾滔滔！车舞长蛇，烟锁跑道，欲上六环把车飙，需晴日，将车身内外，尽心洗扫。

空气如此糟糕，引无数美女戴口罩，惜一罩掩面，白化妆了！唯露双眼，难判风骚。一代天骄，央视裤衩，只见后座不见腰。尘入肺，有不要命者，还做早操。

让美女们始料不及的，是经科学检测，口罩对 PM2.5，已起不到阻隔作用；如果你仍戴着口罩，那么，雾和霾的细颗粒物，将通过你的口罩表面，被你的鼻子吸入。

如此有特色的“口罩风景”，谁能想到，竟成了健康的误区，自欺欺人的安慰！

PM2.5——你这自然形成，被现代工业排入空气，经由光化学反应形成的二次污染细颗粒物，在高倍电子显微镜下，你的“庐山真面目”，居然周身都朝四面八方挺着尖刺。你一进入人民的身体，就不客气地插在鼻黏膜上、气管壁上……

四、是病态生物体，也是围城

写到这里，我突然想起好莱坞电影中那些庞大奇特的生物，遂想，这悬浮的雾霾，不同样是怪异独特的病态生物体吗？

在生物学家眼里，生物体都拥有这样的特征：其一，除了病毒等少数种类，生物体都由细胞组成；其二，都具新陈代谢作用；其三，都具应激性；其四，都有生长现象；其五，都会生殖发育；其六，都有遗传和变异的特性；其七，都能适应一定的环境，并能影响环境；其八，主要从外界摄取营养物质；其九，都具可塑性，并且都能呼吸。

生物体的这些特征，雾霾都近乎具备，我认为。

雾霾一样能够“新陈代谢”。雾霾入世，消消长长，子后有子，子后有孙，无尽无穷，甚至还可能百世流芳，前途不可限量。

应激性指的是生物对外界诸如光、温度、声音、食物、化学物质、地心引力等各种刺激做出的反应。眼前这雾霾，有无应激性呢？

想想，我们天天都在朝天空排污，雾霾何尝不是以牙还牙，以污浊还污浊，热情恒定地在“回报”我们？

这个病态生物体，虽说是传染病脑炎、流感等病毒、病菌的“密集型组织”，却虚胖有余，结实不足，更是能虚张声势，靠什么？靠的是依然有不计其数的人，一直在勇敢、不竭地输送“给养”。

真是人类“宠养”的病态生物体，人类真该尽快注册“宠养”专利才对！

雾霾，你侵占时空，建构势力范围。你的苍茫气度和空间尺度，唯有雪落神州万里河山能够媲美，你何止覆盖京城，何止覆盖东北华北……

你能够呼吸吗？这是怎样的呼吸啊，是生物集团军的呼吸，吸纳四野，吞吐八荒，全然不管人类是否已掌握气象武器和核战武器。

然而你却又太可塑了，形神变幻触须四伏，可塑得就像超乎庄子想象力的奇异章鱼。

谁说你不也是怀抱阔大的“母亲”呢？

江河施爱以润泽，天空施爱以蔚蓝，绿叶施爱以氧气，母亲施爱以怀抱。你不也同样施以我们难止边界的大“爱”吗？

然而，今天的人类却被你陷入深重的悖谬：同属生物体的人类，在被你如同母亲一样地“爱”着时，居然感觉不出幸福指数会如芝麻开花节节高。

你这个病态生物体，不同样是“围城”吗？你一到来，人类霎时就分不清是你吞噬了整座城池，还是城池在和你融为一体。

的确是隐天蔽日，这“霾城”，围城。

五、人与空气关系的最佳态

雾霾浓重，黑蛇云集之时，谁也否认不了这是和平空气里的大事故。

荒诞的是，雾霾来时，“人与自然”的关系居然霎时就获得了平日里完全不可能有的大简化，成了“人与空气”的关系。

这不完全是因为空气空茫虚幻、了无痕迹，连香味也没有。空气不招惹你注意是正常的。空气爱人，绝不是出自本能，乃纯净之心所然。与其说不自觉，不如说是大自觉。

我要提出的问题是：这人与空气的最佳相处态，究竟应该是怎样的？

你在屋里读书，在山河间行走，如果硬要你说说空气给你的感觉，你或许会讲，是似有似无、若有若无的。不是有“身在福中不知福”之说吗？人在空气里还不知要感觉空气，不生琢磨空气之心，已是呼吸的大幸福了。很显然，这时的你，是不会产生要看看空气的念头的，只有北风袭你感觉太冷或酷浪汹涌你过热时，你才会关注空气。你平日里断断不会去想，哦，空气啊，今天让我好好地看看你！空气里留不下你的这种目光。空气也不会给你明察秋毫的契机。你也不会朝空气排放任何色彩及杂物。你不做伤天害气的事。总之，空气纯净得已被你忘记，空气也不漫生讨厌你之心；你与空气相处得很“无”。这不就是人与物（空气）相忘的境界吗？与其“相濡以沫”，不如相忘于江湖，真是大而美的境界。

这才是人与空气相处的最佳态，我认为。

所以，雾霾窝藏毒蛇是对洁净空气的亵渎，是纯净如处女的空气被猥亵奸淫——是对人与空气原初关系的污浊异化。

在这个世界，有好水游泳是鱼的基本生存权利，有安全天空飞是鸟的基本生存权利。诚然，有洁净的空气呼吸，没有病化的“雾”与“霾”，不同样也是人的基本生存权利吗？至少，这是人的呼吸权。谁能够须臾停止呼吸呢？

人权与道德伦理同等重要。呼吸是普世的，雾霾则是独特的。雾霾，你是在完全彻底、地地道道地反人权、反道德！

因而，我有必要提出建构人与空气关系的道德伦理——“空气伦理”。空气伦理倡导人与空气属于同一整体，互相尊重，互为信赖，互相爱护。空气以洁净养人，人的行为以不污染空气为基本前提，时刻善待空气。彼此都不做以异质污物侵害对方的蠢事，不伤残对方的“天生丽质”。

人与空气相处最佳态的建设与葆有，难道不是完全有赖于人类能否遵守这绿色的空气伦理吗？

作为人，如果不以洁净还空气以名誉，继续一意孤行，继续给空气以颜色，空气必然坚决还你以脸色……“空气伦理”就无法建构，这人与空气关系的最佳态就只能是天方夜谭。

六、砍断“精神雾霾”黑手

雾霾，依然在国土上发展蔓延。远比雪落在中国的大地上，寒冷在笼罩着中国更令人揪心。雾霾，远未被遏制，更遑论被消灭。

雾霾的反复到来，表明中国社会风气出了问题。如果风清气正，焉会出现雾霾？

然而，精神的“病灶”在哪里？

这些年，我一听到所谓的“发展”心里就发毛——何以许多发展都与盲目、与虚假、与短视、与破坏“血肉相连”？谁是最后的黑手？

是否只为当代人的幸福就可以肆意耗尽子孙后代的资源？雾霾已使空气走向商品化，多久后将爆发列强抢夺空气之战？多久后空气会变成“火药库”？是谁给了你掠夺洁净空气的权利？“如果在吃饭喝水呼吸都成问题的情况下，GDP 世界第一又有何意义？”（钟南山语）

雾霾成了中国现代化进程的迷离沟壑，成了国家崛起、民族复兴的坚硬阻障。

我们是否该迅速做出文明转型。转型哲学世界观，走出自然资源取之不尽用之不竭的误区，消除人类中心主义的幻觉；转型价值观，牢固确立“地球村”大观念和人类只有一个共同地球的价值观；转型生活方式，回归低碳、循环、生态环保的生活；转型资源利用形态；转型体制。发达国家成功以法治霾、民间协同治霾的他山之石，难道不能尽快攻玉？人类历史上的雾霾“前车”，就不该令人警醒、借鉴？

我想起至今仍令知情人心悸的1952年12月5日的“伦敦雾霾”。

当时，伦敦大气湿度陡增，风无力扬起米字旗，全城烟尘弥漫。尽管市民紧闭门窗，黄褐色的烟雾还是无孔不入。地铁以外的所有交通工具已全部瘫痪。人们难辨方向。行人甚至已无法看到自己的双脚。到医院看病的人群长得看不到尽头。救护车需火把引路才能勉强行驶。伦敦一世界著名剧院如期上演歌剧《茶花女》，由于剧场内雾霾越来越浓，观众再也无法看清舞台，只能中断演出。

英国政府随后公布的雾霾报告显示，这场伦敦雾霾，至少导致了4 000人死亡，至当年年底，死亡人数飚升到1.2万。

假如我们不实行行之有效的治霾模式，不砍断雾霾背后隐藏的黑幕大操手——“精神雾霾”，谁敢担保“伦敦雾霾”的惨剧不会在中国重演？

这精神雾霾远要比“物质雾霾”可怕十万倍、百万倍！

何况这精神雾霾还无处无时不在，在影响你，控制你。

在这里还得道及精神。在大自然面前，我以为所谓的“精神”，已是悲悯、物我平等的姐妹，是与自然万物长相厮守共同荣辱的情怀，是慈爱、友善、远离杀机的善行，是无私纯净自在陶然的境界。今天反而是人堕入了低级“动物世界”，精神家园日渐荒芜。如此情状，如此的精神空间狭窄逼仄，只能使人蜕变为沉淫肉欲的软体动物。“精神雾霾”里那所谓的“精神”，即便算有，也只能是畸形的，是建立在肉体快感之上精神雾霾的分泌物。精神雾霾在本质上其实并没有什么真正的精神，有的只是人的私利，人的欲壑。

根治物质雾霾易，消除精神雾霾难。

身为华夏儿女，我深知在中国根治精神雾霾尤其难。

治霾是国国有份的事，因为有风，治霾是大气圈里没有国界的事，是高级的全球化的事，尤其对各国民众的文化素质已构成严酷的挑战。然而，我们的民间文化长期以来推崇“人不为己，天诛地灭”。何况中国法治尚不健全。我国治霾的法律也并非一片空白，但是，纵然法制健全，治霾执法就那么容易吗？我忧心的还有中国封建残余绵绵不绝，整个社会就是个“准人情社会”，人情变通，打点关系，数字虚浮，诚信缺失……国人，还普遍缺失个人信仰……

近日，我无意间读到外国摄影家在中国某城上空拍的照片《万壑云霾凝不消》：那雾霾就像灰黑连绵的棉田，深厚起伏，城市被笼罩得严严实实。然而，静默沉寂之中，却仍有两柱烟囱雄起于霾海，依然“呼呼”地喷吐着游蛇似的黑烟……

中国治霾的道路荆棘丛生，前景未卜。

倘若连雾霾都不能快速地治理，不能铁面以法根治，我们有何资格谈“幸福指数”？凭什么言“美丽中国”？……

2013.2.12（大年初三）——2013.4.10

广州—珠海（七稿）

赏读

《雾霾批判书》为“第七届老舍散文奖”获奖作品，授奖辞说该作是“一篇有开拓、有创新，科学价值与审美价值俱高的作品。用杂文笔法写的这篇散文，站在公共安全、人民幸福和历史进步的制高点来论述天气现象，文笔犀利中肯，资料丰富，给人拨云见日之感，其高度的社会责任感、强烈的忧患意识及思想洞察力，值得赞扬”。

诚然，《雾霾批判书》是一篇直面现实、介入当下、富于时代气息的文化批判书。面对整个社会陷入“雾霾恐怖场”的现状和生存环境的坍塌，作为一个有强烈忧患意识的自然散文作家，杨文丰觉得有责任、有必要从自然科学审美视角来探讨雾霾产生的原因。于是，他从“空”与“气”的含义入手，介绍大气圈的功能、结构，追寻造成雾霾的根源。接下来，通过对“中国农业社会里的雾”“工业革命以前的雾”“今天的雾”三者的比较，描述分析“雾霾”何以是“对美纯空气的反动”。而后，他又指出“雾霾颇具欺骗性”，但这种欺骗性又符合“自然律”，因而人类在“喜雾，爱雾，自恋赏雾”的传统文化中中毒而不自知。正因雾霾是人类“宠养”的病态生物体，而且隐天蔽日，无处不在，人在雾霾下无处可逃。所以作者认为，有必要重建“人与空气关系的道德伦理——‘空气伦理’。空气伦理倡导人与空气属于同一整体，互相尊重，互为依赖，互相爱护。空气以洁净养人，人的行为以不污染空气为基本前提，时刻善待空气”。当然，这只是作家一种乌托邦式的良好愿望，也许意识到“雾霾问题”的复杂性和艰巨性，所以作者又提出要根除物质雾霾，须先斩断“精神雾霾”。显然，杨文丰在这里思考的是一个新的话题：在当下科学技术高速发展，同时又片面追求经济高速发展，从而导致生态环境严重恶化的背景下，应重新审视人与自然的关系，重新认识人在自然中的地位，建立一种人与自然相亲相爱的绿色空气伦理。这样，杨文丰的自然散文便不仅写出了自然的诗性，更具有一种精神性，并且有着强烈的现实意义。

杨文丰是一位农业气象学家，正是由于其自然科学的专业背景和文化情怀的因缘际会，加之其努力塑造生态散文品格的追求，促成了他散文自然科学道理和文化情理的完美结合的境界。而这种完美结合不仅是内容上的，也是他散文作品的风格。这使他的作品即便是反思和批判也不是纯粹文人的愤世嫉俗或激扬文字。其情理渗透在生态自然道理或前或后或其中，并成为自然生态创作主题的价值取向和文化意识的审美特点。而他的自然生态物和自然现象诗意表达，也不自觉地建立在丰厚的文化底蕴和开阔的文化视野上了。

作品

蓝藻牌湖水

——蓝藻自述①

华　海

我是蓝藻，我的蓝
不是湖蓝的蓝蓝天的蓝
也不是你们人类梦境中的蓝
简单一点说，我蓝藻蓝了
水里的绿藻就不能绿
我蓝藻，最古老又后现代的藻类
能叫喝了十万年的太湖水不能喝
能叫千顷绿波变黑发臭又有毒
能叫那首唱红全世界的美就美在太湖水
不能够再放声唱
我是蓝藻，我要谢谢你
你一见我就捏着鼻子掉转头走开的太湖人
在火热夏天感到寒冷的太湖人
活在水恐慌中的太湖人……如果没有

① 摘自诗集《静福山》（中国戏剧出版社 2011 年版）。华海，生于 1963 年，原名戚华海，江苏扬州人，著有《华海生态诗抄》等。

你们许许多多的工厂大鳄张开狮子口
喷吐污水浊油，我那冤家啊绿藻
哪会窒息地死，我蓝藻
哪能如此肆意快乐地长
平衡怎会打破阴阳又怎会颠倒
我要谢谢你，咒我骂我恨我的
太湖人，是你们给了我这个
水上天堂人间疯狂的
公元2007年6月的中国江南
没有你啊哪有我
我要谢谢你，一天天变暖的蓝地球
千万年等一回的机会哦
我要大大做一回广告：
你好，我是蓝藻

赏读

从20世纪90年代开始，华海阅读了梭罗的《瓦尔登湖》、利奥波德的《沙乡年鉴》、卡逊的《寂静的春天》等西方生态文学名著以及大量生态哲学著作，这是他转向生态诗创作并逐渐形成生态诗学观的思想诱因。华海的创作转型更直接的原因是他目睹了中国生态危机触目惊心的现实："这一切让我对生态之痛有切肤之感……'人定胜天、改天换地'时代留下的'后遗症'，汹涌的工业化浪潮带来的副作用，全球一体化趋势对传统和民族文化的解构和颠覆，乡村社会的破碎和消失，以及现代人对自然的背离和精神的浮躁、碎裂……让我不得不重新打量、思考大地、生存、生态这些根本性的问题。"

因此，华海的生态诗歌既有着对于自然伟力的赞美、对于自然与人和谐关系的期待，也有着对于人类蚕食自然、破坏生态行为的愤慨与批判，以及对于人类欲望的急剧膨胀、人类中心主义文化立场的反思。面对危机重重的现实生态环境，诗人深切感受到了人类精神的狂妄与敬畏心消失殆尽所带给自然和社会的巨大灾难，这促使他重新认识和发现自然界中蕴藏的神秘力量。这种神秘力量不仅可以使诗人获得一种内心的宁静与舒缓，而且以昭示自然力量的方式向迷途而不知返的人类发出了震耳发聩的警示。

华海的生态诗歌注重从文学的审美特性着手，将梦想纳入自然生态之中，努力唤醒人们的自然意识，构建起人与自然和谐的胜境。诗人在重回自然的过程中，获得了心灵的宁静，并从自然中汲取了无穷的力量，实现了对于生态教条和理论的超越。

话题探究

1. 一棵棕榈死了，诗人为它发出永恒的悲叹，伐木者能听到诗人的声音吗？他们会不会就此醒来？请就此谈谈你阅读《事件：棕榈之死》和《伐木者，醒来!》的感受。

2.《父亲到死，一步三回头》的标题触目惊心，作者这样拟题有何用意？针对文中长江下游的鱼无法洄游的现象，你能否提出解决方案？

3. 在《雾霾批判书》一文中，作者提出了一个深刻的问题：“精神的‘病灶’在哪里?”请在文中找出这个问题的答案。

4. 对于太湖污染严重的现象，《蓝藻牌湖水——蓝藻自述》一诗没有进行正面描写，而是以蓝藻的自述侧面表达，请问这一构思妙在何处？不难看出，诗人认为人类是自然环境恶化的始作俑者，同时也是受害者。请结合自己的生活经验，谈谈你对此有什么样的反思？

纵横思辨

导读

人如何与自然相处？人该以何种方式来面对世界？这是一个在人类历史上经久回荡的老问题。曾经，古代的哲人们提出了天人合一、道法自然的处世方式，《易·系辞上》有“与天地相似，故不违”的说法，老子有“人法地，地法天，天法道，道法自然”（《道德经》）的理念，后来的庄子则提出“天地与我并生，而万物与我为一”（《庄子》）的观念。西汉时期，儒家学者董仲舒明确提出了“天人合一”的观点“天亦有喜怒之气，哀乐之心，与人相副。以类合之，天人一也”（《春秋繁露》）。可以说，“天人合一”的思想在中国有着源远流长的传统，历代儒道两家从不同角度丰富并完善了这一思想，以期达到天人相通的和谐境界。然而，随着人类文明生活的发展与物质生活的需要，人定胜天、人为万物之主的观念也曾风靡世界，它强调以人为本、以人为先，固然高速度地发展了现代文明，但也带来了一系列人类不可承受之殇，如生态危机、环境污染等。因此，如何在满足人类日益增长的物质文明需要的同时维护生态平衡？如何认识“天人合一”这一传统思想的现实意义？乃至如何应对日益全球化的时代浪潮？均成为当代人值得反复思考、追索的议题。

王力雄的三篇文章独抒机杼、富于洞见，他于第一篇文章《走出绿色象牙塔》中敏锐地指出，当今生态环境问题的症结在于以物质财富的增长为衡量社会进步之标准的物质主义、以感官享乐为人生意义的消费主义、以人类为宇宙中心的科学主义。而要改变上述困境，最根本的方法不是浮于表面的环境保护，也不是强行改变人类的生活方式，让人类安贫乐道、清心寡欲，而是要从社会体制的变革出发，通过体制的约束与确立来寻求环境保护的实际道路。第二篇《挣钱与环保》则通过充满矛盾的环保与挣钱之间的行为错位，探讨环保活动内在的悖谬性。对于问题的解决，作者寄希望于宗教与革命。第三篇《在内蒙古旅行时的随想》由内蒙古大草原的荒漠化联想到国人追逐利益、放纵欲望的文化失根状态，并对此发出了文化亟待拯救的警示。侯文蕙的《雨雪霏霏看杨柳——世纪之交的美国环境保护主义》以世纪之交的美国环境保护运动为观察视点，探讨环境保护与阶层观念、经济发展乃至种族偏见之间所存在冲突及其原因，以多维而辩证的视点引领读者去理解环保运动的困境与价值。钟伟的《地球上最后一个人——冷视反全球化运动》针对“反全球化”的论点，以自问自答的方式对全球化的利弊予以层层剖析。在反全球化论者看来，全球化会打破民族的个性化生活方式，不仅带来全球经济的一体化形态，而且使西方文明和价值观如潮水般涌入东方等国家，摧毁东方传统的生活方式。对于上述忧虑，作者不仅以强大的逻辑论证予以批驳，而且富有远见地指出，全球化是历史不可阻挡的潮流，全球化意味着世界各民族、各阶层以参差多态的样式和谐共存。虽然这篇文章并非专门针对生态环境方面问题，但在对全球化的正面思考中，无疑对我们如何理解当代社会语境下人与世界的相处提供了有效的思考路径。王兆胜的《水的感悟》由水的柔、轻、清联想到为人处世之道，升华出具有辩证意味的人生哲学，水不仅是自然的瑰宝、生命的源泉，也是处处予人以启发的哲思之源，足以让人明心见性，以水为鉴。周国平的《“天人合一”与生态学》以正本清源的考据方式对“天人合一”进行了阐释，指出它是儒家在人与宇宙之关系问题上的一种认识论。而在当下时髦的国学热中，“天人合一”却与生态危机、环境保护生拉硬扯一起，忽略了生态保护的系统性与科学性。周国平的这篇文章有理有据，文笔辛辣，而且有着清明的理性思考。

作品

环保文章三篇[①]

王力雄

一、走出绿色象牙塔

题记：依照我选择的生活方式，成为一个生态主义者几乎是必然的。1993年，我和几位志同道合者发起成立了民间环保组织——“自然之友”，这是我在“自然之友”第一次集会上的发言。

我在锡林格勒草原，当地的牧民告诉我，他们小时候，放牧最大的难题是牛羊钻进草里找不到，这话让我想起“风吹草低见牛羊”的画面。可就在我听这话的当时，我眼见着一只兔子远远跑过，看得清清楚楚，一点障碍都没有。

甘南草原的牧民经历着同样的变化。当地的藏族乡长说，他们小时候骑马上学，尽管腿短，靴子也会被草上的露水打湿。可是现在早晨骑马，打湿的顶多是马蹄。

前年我在白洋淀，途中给汽车水箱加水，放下很长的绳子

① 选自《西藏文学》2001年第1期。王力雄，生年不详，自由作家，著名环保人士，著有《西藏问题的文化反思》等文章。

才能打到井下的水，而老人们说，过去趴在井沿就能直接喝到井水。

此类故事俯拾即是。尤其令人触目惊心的，在于这些变化发生在仅仅几十年的时间。相比自然生态几十万年、上百万年的进化，几十年是短到不成比例的瞬间，如果以这种速率退化，人类在茫茫太空中唯一籍以存身的这颗地球，还能给我们提供多久的庇护，如何能有乐观回答？

我常想起马尔克斯在《百年孤独》里写的那个马贡多小镇。在百年历史中，从充满阳光、花朵和蝴蝶的一块天地变到遍布蛛网、垃圾，疾病流行，天降成吨的尘土，生出长猪尾巴的孩子，可是人们照样喝酒、赌钱、搞女人，一口气吃七十二个蜥蜴蛋，对变化浑然不觉，小镇最终被预言中的飓风刮走，永远消失。

今天似乎不同了，环境保护的概念已经深入人心、家喻户晓，全球任何社会，任何政府，任何阶层，任何组织都在谈环境保护的重要性，都举这面旗。你可以在大街上拦住任何一个人询问，我相信不会有人表示反对保护环境。可是为什么环境问题却越来越严重，保护环境的任务越来越艰巨呢？

我不想谈那些口头环保派，他们作为"我死后哪怕洪水滔天"的利己主义者，言行不一，是另一个问题。我想谈的是，即使人类全都真诚地、言行一致地保护环境，环境问题是否就能够真正地解决？

我以为不能。

现在的环境保护是一种怎样的行为呢？天上落下了酸雨，腐蚀了庄稼和古迹，人们才呼吁治理；臭氧出现了空洞，政府和专家才开始讨论是否停止用氟；森林毁灭了，再动员种树……这样的环境保护是一种跟救火堵漏同等性质的被动行为，治标而不治本，只是推迟环境危机的到来，而改变不了环境恶化的最终趋势。

这就涉及了在绿色思想中被形象地称为"浅绿"和"深绿"的分野。仅仅停留在环境保护的层面，只能称为"浅绿"，虽然都是绿，"深绿"和"浅绿"却有本质的不同。"深绿"认为解决环境问题的根本出路不是环境保护，而在于从根本上改变人类的生活方式。

概括起来，人类以往——尤其是工业文明以来——的生活方式主要立足于这样的基础上：一是以物质财富的增长为衡量社会进步之标准的物质主义，由此导致在有限资源中追求无限增长的悖论；一是以感官享乐为人生意义的消费主义，是道德解体、人欲贪婪、争夺与冲突不断升级之社会困境的根源；一是以人类为宇宙中心的科学主义，在“人定胜天”的狂妄中奴役和毁坏人类赖以生存的环境。正是这几种因素互动循环，不断膨胀，才造成当今包括生态与环境问题在内的人类困境。

以“深绿”的观点看，生态问题在相当程度上是人类的心态问题。人类的主流哲学不变，生活方式不变，仅靠“环保”是救不了人类的。我对这一点颇有同感。我尤其对当前席卷中国的物质主义大潮感到忧虑。正如生态必须保持多样化才能平衡一样，一个民族的精神也是在长久的进化过程中形成精细平衡的结构。如果全民一致“向钱看”，那难免导致失衡。我认为，精神结构的解体对一个社会的损害将比什么都严重。有人也许不以为然，“不管白猫黑猫，抓住耗子就是好猫”，我们不是比过去富了吗？我当然不赞成贫困，但如果仅仅求富的话，什么是富的标准？如果我们十二亿同胞都以达到美国人的生活水平为目标，据运筹专家计算，需要的资源将是现在的六十倍。这块已经喂养了我们五千年的土地，谁会相信还能挤出六十倍的乳汁呢？如果资源不能满足人们已被过度刺激起来的欲望，贪婪将纵使人们相互之间争夺，那时不仅是生态毁坏，连社会也难免遭劫了。

绿色哲学所提倡的生活方式是把无限增长变为自我控制，把感官享乐转向审美追求，变征服自然为顺应自然。关于这方面的内容，已有许多人做了探讨，我认为从哲学角度已无困难，逻辑上也很通畅，但至今只停留于一种可望而不可及的理想，关键在于尚无将哲学变为现实生活的可行方法。哲学只能说明世界，方法才能改变世界。“浅绿”之所以能成为广泛的社会运动，相当的成分在于它本身就是一种可操作的方法；而“深绿”，至今为止还只是哲学。

不少人做过努力，形形色色的绿色组织或试验基地散见于世界各国，但在人们眼里无非是一群怪人。有人提出“心灵环保”的概念，等待芸芸众生一个个灵魂实现“升华”，即使可能的话，已在困境中徘徊的地球和人类又有没有足够时间？以往推动人类变革，一向以许诺更富有的生活为吸引，然而绿色变革却要人们从过度消费回归朴素，安贫乐道、清心寡欲、自我节制，让人们自觉接受这种“牺牲”，期望是否太高？我对此不敢乐观。

在“文化决定论”和“制度决定沦”中，如果一定只能选择其一的话，我任可选择后者。“深绿”仅在“灵性”的层面作文章，是不会走出哲学的沙龙，进入以制度为构架的社会生活的。当今工业文明的社会制度之核心是追逐利润与效率。世界上不同类型的社会看上去差别很大，奉行不同甚至相反的主义，然而依我看，它们的区别只是手段的区别，在本质上，它们最终的目的都是追求财富的无限增长，完全一致。无论是“和平竞赛”，还是“超英赶美”，只如位于跑道左、中、右的不同位置，都是向着同一终点跑。确实，市场与竞争的制度能够最大程度地激发经济活力和创意，但是，也同时不可分地制造着生态危机与社会问题。追根究底，环境污染、人性异化、通货膨胀、生产过剩、失业和犯罪等当代人类面临的重大问题，都能找到通向利润与效率的根源。在这种社会制度中，谁要是只根据文化或心灵的觉醒而身体力行，把“深绿”当作生活方式和行为准则，他就将在社会找不到立足之地，不但谈不上改变社会制度，连自身生存也无法保证。所谓“人在江湖，身不由己”，是许多人都有的无可奈何的感慨。

我认为资本主义不能救中国，资本主义的手段也同样不能救中国，虽然资本主义无疑能使中国繁荣一时，但代价却可能使我们失去更长远的生存。我同样对民主制抱有怀疑。在我看来，民主制有一个根本的、与其共生、并有可能最终毁掉它自身以及整个人类的弊病，那就是——作为一种制度，它最大程度地纵容贪婪。

自私是人的天性，放纵的自私就是贪婪，而只要不受抑制，自私必然会放纵成贪婪。迄今为止的民主思想与制度都是以鼓励个人自由发展、最大程度发挥天性为目的的。受鼓励的自私反过来也为民主的发展提供养料。当面对一个待开发的富饶自然时，自私与民主的结合确实能转化为人类有史以来最强大的动力，实现社会生产力的飞速发展。民主化提供的均等机会使越来越多的人能加入占有和获取的角逐，欲望和满足之间的差距越来越大。在追逐利润的比赛中，清贫时代形成的制约贪婪的道德体系和宗教体系逐步瓦解，贪婪越来越理直气壮，甚至得意洋洋。同时，民主制使经济脱离政权的羁绊，只听从市场的“无形之手”摆布，但那只手的推动能力远远大于抑制能力，因此，不可避免地把人类的生产与消费，一直推动到今天这种变态的疯狂。

当人类终于发现资源是有限的，生态是脆弱的，地球有可能最终被毁时，物欲却已被激发到无限，如同上了毒瘾，欲罢不能。仅靠个人的自觉是难以实现人类社会的转弯的，尤其在如此严峻的形势面前，那转弯必须及早完成，“一万年太久，只争朝夕”。只有自上而下的整体控制才有可能把社会从贪婪的疯狂跑道上拉下来。民主制的致命之处就在这时显露出来——以多数选票为立身之本的民主制只能被贪婪的多数逼着向前走，反之再为贪婪提供进一步的动力，这是一个无法解脱的循环。作为一个理性制度，民主制却非得沿着这条非理性的轨道往下滑，因为这是最根本的“民主”，这实在是民主制无法解决的一个悖论。

对其他国家，现在提这问题或许还早，有些杞人忧天。但是对中国，这个问题已不能不正视。中国社会以最多的人口，最少的平均资源，处于接近资源极限的位置。中国的传统道德已在历次运动中“破”得所剩无几，“共产主义道德”却没有如期建立。改革又在此时打开国门，把西方物质文明的诱惑眩目地投射进民族心灵的道德荒原。被差距刺激的贪婪格外贪婪，那种贪婪再乘以十二亿人口，就成为世间最大的贪婪。以最大的贪婪吞吃最少的资源，中国的前途便面对双倍的危险。如果再以民主制全面、彻底、无制约地纵容那种贪婪，危险便会在双倍之上再加倍。已然被几千年的饿殍啃得支离破碎的中国，那时还能被这双倍大口啃多久，实在是值得从现在就开始担忧的。

因此，考虑人类社会制度的根本问题和根本变革，虽然巨大得与我们个人不成比例，却是我们不能回避、而且是从现在就该开始着手进行的工作。让“深绿”从哲学的象牙塔走进活生生的人类生活，从根本上，只能取决于社会制度的变化。从宏观看，社会制度本身也是一种方法。只有切实可行的方法，才能赋予哲学在现实生活中立足的可能。哲学的探索和哲学的普及当然是社会变革的前提，但是最终，变革的落实则必须由制度承载。

我讲这番话决不是轻视环保和文化方面的工作，而是想表明，还有一个同样重要的工作需要我们着手进行。相对来讲，这项工作一直受到忽略，当然这与变革——尤其是脱胎换骨地变革——社会制度的难度有关。但是不管多么难，如果没有这方面的进展，环保就只能停留在“浅绿”层次，“深绿”也只能幽居于人的内心，而我们的目标——挽救地球（更确切地说是挽救我们自己），最终则难以实现。

1993 年

二、挣钱与环保

题记：在从事“环保”活动的同时，我对环保的前景实际是相当悲观的，因此我从事环保活动，并不是指望它的效果，只是在表达个人的一种态度。

一位在英国居住的朋友讲了这样一件事：英国的环保教育非常普及，尤其对儿童更下功夫，大概跟中国当年进行共产主义教育一样，把希望寄托在下一代身上。教育效果应该说不错，平时非常喜爱汽车的儿子一天坚决要求妈妈卖掉汽车，因为汽车是个“bad thing（坏东西）”，当妈妈的不好直接反对，只有问她的小环保斗士，如果没有了汽车，他怎么去上学？儿子稍做思考，随即迎刃而解地指教他妈：“我们买一架飞机！”那位妈妈并不反对保护环境，相反，她也是绿色运动的积极分子。她之所以不能遵从儿子的指示，不是不知道汽车之害，而是在她及家人生活的西方社会，汽车已是生存的必要条件。没有汽车，全部生活都得乱套，甚至难以维持。

这个小故事是个典型写照，反映出环境保护的尴尬。环保工作者和热心者做了大量努力，不能说没有成果。今天环保意识风行世界，家喻户晓，至少在口头上，几乎没有人公开反对。“绿色”成了一个时髦字眼，即使在我们中国，也呈现了方兴未艾的势头。我们反对污染、反对噪音、反对乱砍滥伐、反对不洁净的垃圾。不错，这挺好，可是我们——也可以扩展到全人类——有几个反对挣钱呢？

这不是胡乱拉扯，文不对题，我想这二者就像鸡与蛋的关系那样清楚。为什么会有污染、公害、生态的破坏？难道是人的无事生非，活腻了的恶作剧，或者仅仅是“不讲卫生”的坏习惯吗？不是，它们在很大成分上，正是从“钱”的鸡屁股里下出的蛋。

钱只是一些挺刮刮纸片，从宫殿般的银行里流出，看上去有何污染？然而钱的背后，支撑着那些纸片的真实却是忙碌不停的生产，是林立的烟囱，是开矿伐木、油轮远航，是对资源的无尽索取，还有利润最大化原则——正是那些，构成着污染世界的最大来源，造成对生态的致命破坏，并唆使着对保护环境的顽强抵抗。

人爱财，自古如此，随着现代社会从头到脚地商业化，人比任何时候都财迷心窍。多数人在今天并非被饥寒所迫去挣钱，我们从没有像今天这样不愁温饱，然而我们却越发把钱奉若神明，把挣钱当作生活目标。但是钱挣得愈多，造成的污染愈多，资源愈消耗，生态愈破坏——这样一个明了的因果关系，只因隔了一层印刷精美的纸币，人们就“一叶障目”的，视而不见。

这时，即使是再真诚的“环保”，又怎么能免得了被归于荒谬的范畴呢？

美国人可怜一头被冰困住的鲸鱼，不惜出动破冰船和直升飞机去解救；我们没有这财力，但我们憎恨满地垃圾，至少可以组织几次“清洁世界”的活动。然而若是我们每人与此并行的都是去尽可能多地挣钱，算一算可能从那些钱中产生的垃圾，将会是我们清洁掉的多少倍呢？同样，不正是为了从挣了钱要花钱的人（包括救助鲸鱼的人）那里挣到钱，捕鲸者们才日复一日地屠杀成百上千头鲸鱼吗？

所以，当我们把目光投向满目疮痍的世界时，我们应当明白，对世界最大的毁坏不是别的，是在我们内心燃烧的贪婪。如果我们不把爱财之心变成更多地热爱自然，如果我们不把占有的欲望变成存在的审美，如果我们不把对钱的渴望变成对生命意义更崇高的追求，我们的世界是不会仅仅被扬汤止沸的“环保”行为拯救的。

说到这，接着会引申出更深一层的问题：上述心态变化是否只取决于每个人的自我“修炼”或是“环保教育”呢？就像一开始讲的故事，也许孩子和妈妈都想放弃汽车，但如果不是归隐深山，他们还要在英国社会生活，汽车那个“坏东西”就是无论如何难以放弃的。同样，也许你的内心世界已经足够淡泊，并不想在温饱有余的生活之外再多挣什么钱，然而对你的老板来讲，你不想挣钱不会被理解为你的净化和超脱，而是你惰性增加，效率降低，为公司创造的价值减少。你因此可能被“炒鱿鱼”，你不想多挣的钱虽然没挣，同时你必须养家糊口的钱也同样挣不到了。这时的你，还能做什么选择呢？

除非整个社会放弃利润最大化目标——也就是放弃当今人类社会安身立命之本，问题才可能最终解决。那意味的是当今人类主流社会和主流哲学将整个被颠覆。听上去是不是有点像天方夜谭，或是痴人说梦？

然而在我来看，确确实实就是如此，“环境保护”决非仅仅是简单孤立的个人行为，更不是附庸风雅的业余爱好，沿着它贯通的命脉追寻下去，将会不可避免地，一直通向宗教和革命。

1994 年

三、在内蒙古旅行时的随想

题记：我在内蒙古旅行过几次，每次都对那里的生态恶化状况感到震惊。1998 年我去内蒙古东部，所见到的情景让我对未来感到非常担忧。下面的感想就是摘于我那趟旅行所记的随笔。

中国历史上经历过的崩溃时期，大部分情况是政权解体以后，社会上立起形形色色的山头，拉起大大小小的杆子，虽然打着各种名号，但本质上都是一些军阀土匪。那些小土匪之间就互相征战，打来打去，打到最后打出一个大土匪，他就登基做皇帝，就成了正统。刘邦、朱元璋那样的流氓、偷牛盗狗之辈，一当上皇帝也就神圣了，就成了历史上的头面人物。圣旨一下，威加四方。那以后社会就重新恢复法律和秩序。他们再重新把老百姓拢到一块儿，还是一个社会。无非是倒退了一些年，人口死亡一批。但是没关系，再继续发展就是了。

过去之所以能这样，就是因为最终有一个生态底座托着，即使发生社会崩溃，也使那坠落的结果不至于粉身碎骨。如果是人满为患，个个都活不下去，土匪们还打什么？哪还有东西供他们抢？扩大地盘不也是多余和自找负担吗？但是在 1949 年以前，中国人口最多也就四亿五千万，大部分时间不超过二三亿人。也就是只相当于今天中国人口总数的四分之一到三分之一。而那时中国的领土不比现在小多少，甚至清朝的几百年还多一个一百六十多万平方公里的外蒙古。简单地说，那种能够承托坠落的生态底座是什么？就是漫山遍野的森林，长满野果。动物到处游荡。群鸟漫天飞翔，大河奔流，水里鱼群翻跃。就像当年那歌谣所唱的北大荒一样：“北大荒，好地方，棒打狍子瓢舀鱼，野鸡飞到饭锅里。”当然，并非过去的中国全是如此，但是这样的地方不少，就算是中国乱了，政权崩溃了，礼崩乐坏了，其他的整合因素也一概没有了，整个社会粉末化，人们最不济也可以以家或家族为单位，守住一小块地盘自给自足，或钻进深山老林靠采集狩猎度过最乱的时期。人少地多，人的流动性差，封闭环境多，“桃园里头好耕田”，带点种子到哪儿刨块地，就能在哪儿活下去了。外面愿意怎么乱就怎么乱，不关他的事，乱到一定程度，都打累了，或者是那些打来打去的人都同归于尽了，各自生存的人们就可以再往一块儿组合，去形成新的社会。

而现在是什么状况呢？这次开车去内蒙东部，走了几个盟，途经二十多个旗。沿途所见，真正能保留一些原来生态面貌的，只剩内蒙古和外蒙古的国境线一带。的确，在那里才能体会什么是真正的自然生态。用体会这个词是准确的。脚踏上那儿的草地，就会感到踩在厚厚的一堆活的物质上。要是仔细观察你踩下的那个脚印，在那么小的面积上，我感觉就能聚集着上百种植物和昆虫。那些丰富的物种纠缠在一起，生长得又密又厚，几乎就没有重样的。有些蕨类、灌木什么的，要上百年时间才能形成它们的根系。什么叫生物多样化？这就是最典型的状态。那都是在几百年的自然状态中生长起来的。看着那样的环境，你真是会切身地感受对它的破坏是什么样的罪孽。

可是现在，能保持那种生态的仅仅是沿着国境线的窄窄一条。稍微往内地走一点，就看到大片大片的草原被开垦成耕地种上了庄稼。草原的面貌立刻变成了完全不同的样子。上面覆盖的植物变成了单一物种，或是麦子，或是油菜，看上去显得整齐、单纯，毛茸茸一片，颜色全是一样。那里土地非常肥沃，庄稼长得特别好。但草原上千年时间里形成的腐殖质只有一尺多厚。开垦者先是一把火一烧，把需要百年才能长成的植被烧得干干净净。然后把腐殖质犁开。那种土壤肥沃得只需要撒种，别的什么都不用管，秋天肯定大丰收。然而甜头也就是三年，三年后就是苦果。一尺厚的腐殖质之下面就是沙子。破坏了原来的植被和根系，失去了固定，再加上犁来翻去，表面那层土松得不得了，草原上的大风一吹，土就吹跑了，沙子就暴露出来，那就是通常所说的沙化。

除了风，还有夏天的雨水冲刷。在所有有坡度的地方，只要是被开垦的，都可以看到成千上万吨的泥土在坡下堆成的稀泥滩。那都是最肥沃的土啊！那不是仅仅“水土流失”四个字就能概括的，那流失的是珍宝，是我们人类生存的命根啊！然而看那没有被开垦的地方，坡度不管怎么大，雨水怎么猛，流下来的水都是清清亮亮，一点土都不带。你不能不感叹，大自然自身的安排是那样奇妙与合理。

看到那些大片大片被开垦的草原，我想到布朗因为发表《谁养活中国》后，一些文人学者进行反击，说我们用7%的耕地养活了22%的人口，我们不是活得很好吗！不错，这些年粮食不但不缺，而且过剩。不过那么多粮食是怎么来的？以眼前那丰饶草原变成沙漠为代价打出来的粮食，现在不也都是正堆在粮仓里，向世界证明“我们的粮食吃不了”吗？而这样的“粮食吃不了”，意味的却是将来将有更多的“粮食不够吃”。当然不是政府有意这样做，政府反复禁令不许开垦草原，但为什么就是有人不停地开垦？既然1993年和1996年政府两次把粮食收购价提高了105%，地租便宜而且撒下种就只管丰收的草原自然就成了逐利者眼中的肥肉。尤其对有能力进行规模经营的大户而言，开垦草原成本低而利润高。他们有雄厚的资金，一开荒就是几万亩甚至几十万亩。他们有的是办法。其实也很简单，无非就是花钱，给个人一些好处，再给下面那些管事的机构。既然都是以利为先，只要有足够的利，就能一路绿灯。乡里区里那些基层机构财政收入没有来源，奖金福利都得自己搞，如果来一个人说开多少土地每年交几万块钱，对他们就是一个大数。他们知道，那都是荒山僻野，上边的人看不到。就是偶然看到了，圆活圆活也就过去了。就是这样。

千年形成的草原，只开垦三年就被毁掉，随后就既没有农田，也没有草原，而只剩沙漠。那沙漠还不是原地不动，它要蔓延，它注定要以沙进人退的结局惩罚人。

我这趟内蒙之行所见到的很有象征性。从那些正在被开垦的草原往内地方向走，走不了多远就可以看到几年后那些正在开垦过的土地将要变成的模样。问当地人，那些地方当年也都是大草原，是牧区，都是那种一个脚印里就有上百种生物的生态。然而现在，放眼望去，只有光秃秃的山坡，露着大大小小的石头，到处是沙丘，几脚踩下去不一定踩得着一根草。再往内地走，到了人类活动比较频繁的地区。原来也一样是游牧蒙古人的地盘，现在全被农耕者占据，牧人早被挤得一个不剩，都迁移到边境地区去了。那里有一些水利，有一些农田，还有一些人工林带，大概是“三北”防护林——那个被捧上天的绿化工程。然而那真的能改变已经被破坏的生态吗？报纸上连篇累牍地夸它有多大作用，可是当你真的以对比的眼光审视它的时候，那不过是一些孤孤零零的树，刷子一般地在那儿立着。树种是单一的，树下光秃秃。周围耕地种的是一些适合人类食用的单一作物，除此之外就是沙子。那怎么能和一脚可以踩到上百种生物的生态相提并论呢？

我不想再谈中国的其他地方，也没有必要，中国的生态状况怎么样，每个人从自己生活的局部都可以感受得很清楚。东蒙应该算是中国仅存不多的生态好的地方，它的状况如此，别的地方可想而知。而且我刚刚描述的那种生态变化不同状态，是按照系列展现在一趟几百公里的行程内，跑一天就可以全部看到，一览无余，就像一个天然的生态展览馆。它可以说明整个中国过去的生态是什么样，怎么步步破坏了它，而它的惩罚又是什么。

现在连黄河都干了，那是中华民族的摇篮。不说迷信的预兆，至少它足以表明中国生态系统被破坏的程度。仔细想一想，咱们这块土地上，茂密的森林还有多少，干净的河流还有多少？林子里还有几只动物，河里还有几条鱼？在中国可以看到一个现象，所有还存在活物的地方，几乎都有人以各种方式往外抠。我家旁边的引水渠，一天到晚都有人拿着形形色色的工具从水里和水底的泥里或钓或捕或捞，什么都给弄出来，然后不是吃掉就是卖掉。水里已经没有大鱼了，那些卖鱼人从几两重的到一指长的分门别类，卖不同的价钱，还有泥里那些螺蛳之类的，最后连一厘米长的小鱼苗也分成堆，卖给养宠物的人喂猫或喂鸟。你说那水里还有什么东西能剩下吗？

内蒙国境线有一条国防公路，在宝格达山的森林里穿行，我开车走过那里时，亮着车灯走在窄窄的路上，暮色中不时看到野生动物穿过公路。有野猪，我从来没见过那么肥的大野猪，领着小野猪从路上穿过去；成群的鹿，穿过去了；狍子，穿过去了；闪着漂亮皮毛的狐狸，穿过去了。然而非常奇特的是：所有动物都是向着一个方向，就是往外蒙古的方向跑。就是说，连动物都明白，只要一受到惊扰，就宁可暴露在灯光下穿越公路，也要拼命地跑到国界对面去。动物也知道了哪个国家比较安全。外蒙古 160 万平方公里，人口只有 300 多万。而这边 12 亿人都在琢磨着怎么把它们吃进肚子。之所以它们还敢到中国来，是因为那里是国境线，一般人不让去。而一旦有什么危险，它们一抬脚就能出国不回了。

我们的家文化制造了太多的人口。“不孝有三，无后为大”，多子多福，妻妾成群，中国女人因此都成了生育机器。从这个意义上说，中国生态毁坏的账最终要算在家文化上。不过从这种家文化生出的伦理，过去又在很大程度上起到了保护生态的作用。举一个小例子，我见过一位老人按照老辈传下的方法吃鱼——鱼身红烧；头尾做汤；鱼内脏做成一盘可口小菜；就连鱼鳞都不扔，小火炖足后冷却的汤可以凝成冻，又多一道菜；撇出来的鱼鳞和吃剩的鱼刺鱼骨一道，用油炸酥后，下顿饭的下酒菜也有了。那种节俭让人看得目瞪口呆，也就能理解，过去中国人对生态的消耗和索取是多么的少。中国传统文化里没有西方个人主义中那种人定胜天的狂妄和利润最大化的资本主义精神，而是天人合一、安贫乐道、知足者常乐等从家文化中产生的伦理。所以，尽管家文化制造了过多的人口，如果能够一直维持传统的伦理，就会几十个人的消耗也不如西方一个人，人口与生态的平衡也不是不可能的。

怕的就是在已经制造出来这么多人口以后，约束人欲望的传统文化却就此解体，中国从此转向西方物质文明的轨道，每个人都以无限追求财富为目标，那就会把中国的生态环境迅速地推到毁灭境地。不幸的是，中国的这种转变现在已经完成。

综合考虑社会与生态的关系，应该同时考虑三个因素：人口、资源、欲望。如果人口少，人均资源自然多；如果欲望不同，人均资源的意义也不同。这三个因素，最人为的变量就是欲望。从生活经验可以知道，从穷变富，尤其是爆发，欲望是最贪婪的。因为穷，穷怕了，对财富容易产生病态的渴望。因为穷，修养少，除了钱就很少能树立别的目标。终极关怀和道德伦理本来是对欲望的主要制约。问题是在中国，随着文化结构的解体，那种制约已经基本不存在了。中国人的欲望达到前所未有的高度，一切向“钱”看。于是我们的状态就变成了三“最”：人口最多，人均资源最少，欲望最高。这实在是最可怕的一种状况——以最多的人口乘以最高的欲望，去吞吃最少的资源，那将是一种什么后果呢？

古代中国人也不是没有欲望，但是要看平均水平。贪心不足蛇吞象者只是少数，多数人是认“命”的。家文化的等级意识使多数人安于自己的位置，沉重的道德也在很多方面能够压抑住贪婪。然而那一切今天都不存在了。就像装魔鬼的瓶子突然打开，压抑千年的欲望一瞬间爆发。

可以说，这些年生态破坏的因素之一，是九亿农民集体投入到追逐财富的行列。公社时期的农民，除了种集体的地，个人开荒是修正主义，搞副业是资本主义，就连养只鸡都是资本主义尾巴。那一方面在制造了广泛的贫困，另一方面也在无意中保护了生态免受太大破坏。新时代让九亿农民焕发出了经济活力，允许他们为个人去追求财富，同时却不是通过推动城市化进程，而是继续保持种姓制度式的城乡壁垒，限制农民“离土不离乡”，只能在城市之外的广大农村去折腾。这种政策的结果就是让农民靠山吃山，靠水吃水，只能去掠夺生态和制造污染。结果到处是破坏式的开矿、开荒、淘金、乱砍滥伐、过度放牧和过度捕捞、扒发菜、盗猎野生动物，同时千千万万乡镇企业肆无忌惮地污染环境。而当恶果已经形成，迫在眉睫的危害达到了难以容忍的程度时，现在再回头限制农民，不许他们砍树、开荒、捕猎，关停并转他们的企业，则是难以奏效了。致富的欲望一旦被调动起来，就是出了瓶子的魔鬼收不回去。何况目前对农村的控制力已经大大降低。前几十年以剪刀差让农民为城市工业化提供积累，难道今天还能再牺牲农民，就是为了让城市有蓝天绿水，就让农民自甘贫穷吗？那是不可能的。不管是以什么等级的珍惜动物的名义，都不会让几亿远比动物更有价值的人同意！

然而什么是摆脱了贫穷呢？没有了等级意识，农村人比城市人，城市人比都市人，都市人比美国人。先不说真正达到美国人的生活水平时是否会满足，至少大多数人的欲望现在就是能达到美国人的生活水平。那就意味着，我们要从人均750美元的中国现状迈步到人均29 000美元的美国现状，跨过28 250美元的空间。谁也不能说这不是合理的要求，平等是天赋人权，没有理由让中国人只能看着别人富有而自己贫穷。

然而中国的生态提供这种可能吗？1995年9月世界银行推出衡量国家财富的新算法，把自然资源计算在内，中国的人均财富只能排名世界第162（中国的这个排名到1998年仍然在162），是澳大利亚（排名第一）的1/126，是世界平均水平的1/13。其中自然资本占的比例仅为3%（澳大利亚为71%），足以见中国人均资源的贫乏程度。且不说贪婪永无满足，即便只达到今天美国人的生活水平，我们的资源总耗也要扩大几十倍。这是一个冷酷的提醒，不管觉得我们的要求多么合理，都注定是没有实现可能的。

怎么办？除非12亿中国人立刻集体把欲望降低到合理的水平，按照量体裁衣的古老智慧去安排生活，也许能走出一条真正的“中国特色”之路。然而，失去了文化结构的支撑，丧失了终极关怀和价值体系，我们又能靠什么抑制欲望？除了财富，又能找到什么去填充必不可少的人生意义呢？

说到这，文化的重要性进一步显露。它不仅是支撑和整合人类社会的结构，也是保持人类与生态之平衡的关键所在。不幸的是这个最重要的因素被不断的革命所摧毁，又继而被拜金主义所腐蚀，已经失去血脉和骨骼，只剩一张千疮百孔的外皮。这就是我所担忧的悲观前景，如此下去，我们的生态环境注定要被破坏殆尽，现在的勉力阻挡只不过是延迟一些时间而已，不可能根本阻止或改变。在这样的一种前提下，一旦再有历史上那种政权解体的状况发生，生态就无法再成为承托的底座。这一事实，现在的人都不会深思其中的意义，可是它迟早有一天将会成为致命的因素。

1998年

赏读

作为民间环保组织“自然之友”（全称为“中国文化书院·绿色文化分院”）发起者之一，著名作家、社会理论家王力雄一直身体力行地为我国的环保事业做贡献。在直接以“环保”二字为题的《环保文章三篇》中，作者将笔触投向当下触目惊心的环境问题，并对人类无止境的欲望这一造成环境问题的深层次原因进行了深刻透辟的分析，呼吁从根本上去解决环境问题，要改革社会制度，更要从文化的根基处减少物质欲望，追求崇高的目标，共同拯救我们赖以生存和发展的家园。

1993年，经王力雄提议，“自然之友”的几位创始人梁从诫、杨东平、梁晓燕、王力雄在北京的玲珑园公园举办了中国首次民间自发的环境研讨会——“玲珑园会议”，《走出绿色象牙塔》即王力雄在大会上发表的讲话。在文中，他称自己为“生态主义者”，力主走出“绿色哲学”的象牙塔，践行改变体制以达到保护环境目的的主张。作者向我们讲述了过去几十年间我国生态环境发生的急剧变化，并指出：在环保观念深入人心的今天，我国环境问题愈发严重的根本原因是物质主义的盛行，要彻底解决环境问题，人类必须做出改变，但是，由于资源有限而物欲无限，“中国社会以最多的人口，最少的平均资源，处于接近资源极限的位置”，光通过口头上的环境保护和自我约束、改变生活方式是行不通的，必须通过自上而下的改革，才能有效改变今天这种恶劣的环境问题。

挣钱还是环保？在第二篇文章中，王力雄向我们发出了质询。在现代化和城市化的进程中，今天人们的人生目标是挣更多的钱，但飞速发展的物质文明不可避免地会对自然环境产生伤害，带来日益严重的环境问题。吊诡的是，由于当今社会人们的环保意识越来越强，人们开始投入更多的金钱去治理环境，结果却对环境带来更大的破坏，这样的恶性循环必须引起我们的警醒。正如文中小故事所说，为了环境保护放弃必要的生活条件在现今是不可能实现的，除非人们放弃对金钱的追逐，转变为对生命意义更纯粹的追求，要实现这一理想，那么我们就要寻找一条通向宗教与革命的路。

提到内蒙古，大多数人都会想到“天苍苍，野茫茫，风吹草低见牛羊”的壮美景象。在第三篇文章中，作者向我们讲述了他在蒙古草原的亲身经历，还原了内蒙古大草原由生命福地变为茫茫荒漠的快速退化过程。是什么破坏了苍天赐予游牧人的美丽故乡？是人类的贪欲。面对一片片肥沃富饶的土地，近乎疯狂的开荒种地运动便开始深入掘进，纵使有嘎达梅林等人的抗恳起义，内蒙古大草原所遭受的伤害已不可逆转。而今，科尔沁草原已成科尔沁沙地，东归英雄回家的路已被沙漠覆盖，“三北”防护林也无法恢复那个曾经美好的家园，连野猪、鹿和狍子也要躲到生态环境更好的外蒙古去。

我国是世界上人口最多的国家，虽然土地辽阔，物产丰富，但却是人均资源最少的国家。作者告诫我们不要再标榜“我们用7%的土地养活了22%的人口”，因为这是以牺牲环境为代价换来的。如果我们不把骨子里和文化中的贪欲去除，我们的生态终有一天将无法承载我们无止境的欲望，人类只能走向毁灭。

——王丹丹《环保的广度与深度》

作品

雨雪霏霏看杨柳[①]

——世纪之交的美国环境保护主义

侯文蕙

从花斑猫头鹰说起

“我们的国会议员和林务官们是否知道，在这些森林里经历了千百万年变迁的非人类生命，现在正因为失去了栖息之处而在走向灭绝？他们可曾看见这个包括700个濒危物种的表格？……”

这是1989年夏天的一个星期一的下午，在美国俄勒冈州的莱恩郡会议中心，一位名叫芭芭拉·凯利的妇女正在发言。这里在进行一个听证会，参加会议的有本地官员、联邦机构发言人，以及一些环境保护组织和伐木业等利益集团的代表。但是挤在大厅里的大部分人都是普通市民。他们之所以不顾炎热，从繁忙的工作中挤出时间来参加这个听证会，为的是他们共同关注的一个问题：北方花斑猫头鹰——一种太平洋东岸美

① 原文发表于《读书》2001年第6期。侯文蕙，生于1941年，学者，从事美国环境史研究，著有《征服的挽歌》等。

国北部的古老森林中的奇特猛禽，是否应该根据美国国家《濒危物种法案》列入到正在受到威胁的濒危物种表去。

芭芭拉·凯利是"拯救我们的生态体系"组织的领导人。她极力支持将花斑猫头鹰列为濒危物种。她认为，保护花斑猫头鹰，也就是保护它所栖息的古代森林，而这样的森林已经被砍伐殆尽了。因此，为了保护这些残存的森林，就必须终止砍伐。她说，如果继续砍伐，这些森林就将变成由"一排排难以抵御火灾和疾病的单一树种"组成的人工林场，成为既不适于猫头鹰，也不适于美洲豹和其他野生动物甚至人生活的地方。整个生态环境将会遭到严重的破坏。她的发言得到了听证会上大部分人的支持，但是也遭到了许多人的反对。

反对将花斑猫头鹰列为濒危物种的呼声主要为来自在伐木业工作的人们。吉姆·斯坦达德，一个世代靠伐木为生的男人，在会上发言道："伐木业一直被谴责为野生动物栖息地的破坏者。……我不同意这个看法。"他认为，伐木者在砍伐的同时，也在栽种；因此，他们不是在"毁灭"野生动物的栖息地，而是在"扩展"它。他坚持说，在维护"我们的自然资源的永恒"上，"伐木业比任何一个群体都做得多"。因此，他敦促大家去"努力保护那些努力保护森林的人"，不要去为了"一只小鸟"而在乎它赖以生存的树有多大或多老。一位名叫苏珊·莫根的妇女的态度则更为明朗。她代表"俄勒冈开发工作者"组织和一群依靠伐木工业生活的家庭。她强烈呼吁鱼类和野生动物管理局不要将花斑猫头鹰列为濒危物种，否则就将会毁掉千万个像她那样依靠伐木业为生的家庭生计。

辩论双方各执一词，互不相让。整个听证会的气氛激烈而紧张。

实际上，这次听证会只是自 1987 年就开始的一场波及全国的大辩论的一部分。

1987 年 7 月，美国国家鱼类和野生动物管理局收到一份根据国家《濒危物种法案》将花斑猫头鹰列入濒危物种的建议书；但在当年的 12 月，管理局就以论证不足而做出了不能列入的决定。为此，国内的一些大型环保组织，其中有荒野学会和奥杜邦协会，发起了一个全国范围内的大辩论。前面提到的听证会就是这个大辩论的缩影。

显然，辩论双方的分歧并不在于花斑猫头鹰是不是濒危物种，而是在于，当人的经济利益与非人类的生命发生冲突时，孰为先？是否值得牺牲前者而保护后者？

1990 年 6 月，美国鱼类和野生动物管理局终于将花斑猫头鹰列为濒危物种，并据此而划出了总数达 690 万英亩的花斑猫头鹰栖息保护区。做出这一决定的根据纯粹是科学性的，即这种北方花斑猫头鹰只能生活在太平洋东岸的西北部古代针叶林中；而 80 年代伐木业的增长正使这个地区的古代森林急剧减少，不仅严重威胁着花斑猫头鹰的生存，甚至也威胁到这个地区的生态环境。随后，1993 年，克林顿政府又在公共森林中划出 740 万英亩作为花斑猫头鹰栖息区，另有 260 万英亩河滨地为水生动物保护区。

这无疑是美国环境保护主义者的一大胜利，至少从政策上是如此。而且，尤令环境保护主义者们欣慰的是，在这个漫长的猫头鹰辩论中，舆论的多数一直是倾向于支持他们的。1990 年，据 CBS 新闻和《纽约时报》的调查，有 74% 的应答者都表示支持不惜代价地保护环境。这个比率比 1981 年提高了 30%。因此可以说，联邦政府有关花斑猫头鹰的一系列政策是大多数美国人所认可的。而且，从更深层的意义上说，正是美国人的环境意识的提高促成了这样一个结果。

所有这些都有可能给人一种印象，即在经历了 80 年代从里根到老布什执政的低谷期后，美国的环境保护运动似乎又可以重新高涨起来，并在 90 年代迎来继 70 年代之后的又一个“绿色的 10 年”；而这场因花斑猫头鹰引发的辩论似乎也可以画上一个句号了。

树欲静而风不止

事实却远非如此。美国的环境保护主义者发现，在整个 90 年代，他们不仅不能高歌猛进，反而不得不左拼右挡，去对付来自不同角度的冲击和挑战。

有来自环境保护主义反对派的狂言：“环境保护主义是一个新的异端。”1992 年，“明智的利用”运动领导人让·阿诺尔德公开声称，“在环境保护主义那里，树木受到膜拜，而人却成了奉献给祭坛上的牺牲。它是邪恶的，因此我们要摧毁它”。还有来自环境保护运动内部的不同意见：“我们是为了保护人而活动，而不是为了鸟和蜜蜂。”环境正义者如是说。“非裔美国人不关心‘濒危物种’，因为我们才是濒临危险的物种。”还有些环保主义者甚至这样认为。

进入80年代之后，随着以里根为代表的保守势力的上台，反环境保护主义的力量也在逐渐抬头，并在90年代初形成了一股强劲的势力，成为美国环境保护主义的反对派。他们不仅对政府在自然资源，尤其是森林、土地、湿地的管理和政策不满，而且还以保护私有财产权利或地方权利为名，通过院外活动和法律诉讼来达到目的。他们的名目繁多、形式多样，诸如"明智的利用"运动、"郡县至上"运动、"财产权利"运动等等，但宗旨都是反环境主义的。其中最有影响的就是"明智的利用"运动。让·阿诺尔德断言：如果沿着环境保护主义的路走下去，"在20年内，美国所有的工业和私有财产都将被毁掉"。因为环境保护主义损害了他和他那一群体的经济利益，所以，他认为有必要用"明智的利用"运动去替代"环境保护主义"。

"明智的利用"本来是20世纪初美国著名的自然资源保护运动的领导者吉福特·平肖为其功利主义的自然资源的持续管理和多种利用理论所提出的一个口号，到了80年代后期却被一些反环境保护主义者用作概括他们行动的标志。1988年，一个叫作"自由企业保护中心"的组织举行大会，会上提出了一个"明智的利用方案"，要求国家允许在公共土地上进行商业性的矿产和能源开发，允许对国家森林中的老林进行采伐，修改1974年国会颁布的《濒危物种法案》，允许在北极的国家野生动物保护区钻探石油，在国家公园内促进商业开发，并要求在公共土地上签订放牧契约以保证私有财产权利等。

不难看出，整个"明智的利用方案"都是针对60年代，尤其是70年代以来的美国国家环境法规，特别是自然资源管理法案提出来的。因此，它不仅得到了利益集团，尤其是木材、矿业以及石油等大工业公司的支持，而且也得到了来自基层的小土地所有者、农场主的用户。同时，不容忽视的是，支持这个运动的人，不仅是有产者，甚至还有那些与有产者有联系的工人——因为更多的经济开发便意味着更多的就业。工业家们则更是不失契机地去鼓动工人和当地的人们去支持他们的行动，甚至在工人去参加听证会时，仍发给他们工资。大概正因为如此，"明智的利用"运动的领导人才敢于吹嘘，他们的阵容除了他们500个合法组织和500万积极分子外，还拥有1.2亿同情者，几乎是美国人口的一半！尽管评论界认为这是一个为了鼓舞士气而夸大的估计，但也反映了一定的真实性——这个反环境保护主义的运动是有相当的社会基础的。

除了强大的阵容，“明智的利用”运动的组织者们还有来自企业的雄厚资金的支持，并与政界保持着密切的联系。他们通过院外集团、听证会，甚至组织示威，对国家、州县各级立法机关施加影响，与政府立法机关中的保守力量相呼应。在他们的影响下，1994 年克林顿提出的几项环境法案都未被国会批准。例如，在采矿业的压力下，国会反对批准征收矿业税和对采矿制定硬性环境标准；安全饮水法因共和党议员要求修改而搁浅；要求将国家环境局升级为部级机构的提案也未得到通过。相反，国会却努力要通过一些法案来削弱政府对环境的管理。例如，1995 年提出了一个《私有财产权利法案》，规定不论在任何情况下，《濒危物种法案》和其他国家法案都不适用于私有财产。

面对这样严峻的挑战，环境保护主义者们不能不感到忧虑。塞拉俱乐部，美国的十大环保组织之一，在致其会员的信中说：“我们面临着一个有着超级资金来源的，反环境的，并被盲目崇拜的怪圈。……其目的就是要摧毁我们和整个环保运动。”

但是，更令环保主义者们不安的是在环境保护运动内部出现的分歧。例如“环境正义”运动。它是一个最初发生在 80 年代初的在有色人种社区的，针对政府环境政策中的种族偏见的抗议活动，后来则发展成为一个争取全面的环境正义的运动。1991 年 10 月，第一次全国有色人种环境领导大会在华盛顿召开，参加会议的 300 多个代表团正式用“环境正义的 17 条原则”宣告了他们与环境保护主义的不同立场。

大会的组织者之一，著名的环境正义者黛安娜·阿尔斯顿在大会发言中说：“我们眼中的环境是与整个社会的种族的和经济的正义交织在一起的。……在我们看来，环境就是我们生活、我们工作和我们玩耍的地方。环境为我们提供发表评论我们时代各种问题的讲坛。军事和防御政策的问题、宗教自由、文化生存、能源的可持续开发、我们城市的未来、运输、住房、土地和主权、自决权、就业等等。”她还坚持说，为了和那些主流环保组织建立一种“公正”的、“平等”的、“互敬”的和“互利”的关系，就必须由他们自己来解释生态和环境上的各种问题。

显然，这是一种不同于主流环境保护主义的环境观。它不仅把环境问题和社会问题联系起来，而且还将它与社会政治交织在一起。它所反映的是生活在美国下层的，尤其是那些相对贫困的有色人种社区群体的要求。因为环境观的不同，在他们所关注的环境问题上，也与传统的环境保护主义有着明显的分歧。例如，后者的眼光主要盯在诸如野生动物、森林、荒野等属于白人文化传统的自然事务上，而环境正义者们则更注意城市社区的生活健康和卫生条件。因此，在环境正义者看来，传统的环境保护主义者是置身于“环境”之外的。早在1990年，一些环境正义组织就曾经给10个最大的环境保护主义组织写过两封信，在信中，他们批评这十大组织是白人中产阶级的组织，“他们没有承担起对第三世界社区的义务，却一直在继续支持保护那些远离工人阶级尤其是有色人种社区环境的政策”。而且还“以不惜任何代价消灭公害为名，在全国范围内停止、削减或阻碍那些雇佣我们的工业和经济活动，全然不顾我们的生存需要和文化需要”。

出于上述立场，许多环境正义者也开始使用“濒危物种”这个环境保护主义者所惯用的术语；然而，从他们口中说出的“濒危物种”并非指某种猫头鹰或鲸鱼，而是指处在环境危机中的“人”，尤其是那些生活在社区底层的有色人种。有些“环境正义”组织，甚至反对称他们为“环境保护主义者”，因为这个称呼有悖他们的宗旨。

发人深思的是，当我们将“环境正义”和“明智的利用”这两个运动进行比较时，我们会发现，这两个代表着根本不同阶层利益的运动，其最终的斗争目标竟然是一致的。其实，道理很简单。尽管“明智的利用”代表了美国一些既得利益阶层，尤其是对环保有着直接影响的工业企业家和土地所有者的利益；而“环境正义”则是美国社会下层阶级和少数民族社区的代表，他们所关心的是直接影响到他们生活和工作的城市环境，但是，从整个社会的角度看，保护环境必然会制约经济的发展，限制资源的利用，因此，它不仅会影响到有产阶级的利益，同时也会影响到为他们工作的人的就业机会。结果便是，当他们的经济利益受到损害时，在和环境保护主义相较量时，这两个本处于对立面的阶层，反而会站在同一战壕之中；基于这同一立场，他们在处理和非人类的自然的关系时，也同样总是要把人放在第一位。最终，这种从同一角度来评价人和自然关系的价值观念上的一致，使得本来壁垒绝对分明的社会力量不约而同地将其矛头对准了一个目标——环境保护主义。这是自1970年“地球日”以来，美国的环境保护主义者所从来未遇到过的复杂局面，也是其难以回避的现实。

看来，就一个物种的归宿而言，猫头鹰辩论是可以到此结束了；但是，就这个物种的归宿而反映出来的社会问题和价值观念来看，这场辩论却难以收场。环境保护主义者能否取得这场辩论的最后胜利？大概此时此刻，也是环境保护主义者进行反思的时候了。

望断天涯路

作为20世纪60—70年代出现的一种社会思潮，环境保护主义有其独特的时代色彩。那是一个充满了各种危机的时代。民权运动、女权运动、反战运动、学生运动、反主流文化……激烈地冲击着这个社会的各个层面，并且涤荡着传统的价值观念。要求变革，是这些社会运动的共同呼声。就在这时，1962年，一本名叫《寂静的春天》的书出版了，它给这个本来就处在社会动荡的美国人，尤其是美国的社会中坚——中产阶级，增添了新的不安。

如果说，黑人民权运动的愤怒烈火还烧不到白人中产阶级的郊区住宅，美国的炸弹和落叶剂只是降落在距纽约2万公里的越南丛林的话，这本书却让他们发现，死亡正发生在他们的后院——啄食了被杀虫剂污染了的昆虫和植物的鸟正在死去！作者蕾切尔·卡逊通过对DDT——一种被广泛使用的杀虫剂在食物链中的凝聚作用和最终对人体的遗传所造成的危害，揭示了一个令人惊骇却又无法回避的事实：人们用以对付被认为有害的昆虫的技术竟然对准了自己。

卡逊言辞犀利，却又不失恳切。她提醒人们，要“认真对待生命这种力量”，并谨慎地运用人的智慧和力量克服“征服自然”的妄尊自大的思想。她尖锐地指出，人们目前所面临的一种潜伏在我们环境中的灾难是完全由“我们现代的生活方式发展起来之后，由我们自己导入人类世界的”。

卡逊的警示划破了白人中产阶级郊区生活的静谧和安逸，并在人们的头脑中注入了一种新的意识：重新认识人与自然的关系，并且追求一种比较纯朴的和较贴近自然的生活方式。按照著名美国历史学家唐纳德·沃斯特的说法，人们是在向与资产阶级文明兴起相联系的一整套价值观念——“生机勃勃的中产阶级的世界观”发出挑战；因为正是这个阶级创造了技术、追求生产效率和消费，追逐物质利益，并且“形成了个人主义和征服了自然”。

这种强烈的要求把人类和地球从贪欲、从技术的陷阱中拯救出来的愿望，和对一种更文明但是更自然的生活方式的追求，迅速地变成了一种信念，成为在70年代为美国社会主体的中产阶级普遍所肯定的社会思潮——环境保护主义。在60—70年代的批判和反省的气氛中，这种对工业文明社会和富裕所带来的种种弊病的批评很容易便得到了社会其他群体，尤其那些争取社会变革的群体——如女权主义者、反战者、反主流文化者等的响应和认同。终于，这些要求社会变革的社会力量和环境保护主义汇合起来，并形成了一个史无前例的浩浩荡荡的社会运动——环境保护运动。1970年4月22日的“地球日”是这一运动的开端。

也许是由于对变革的急切心情，也可能是对环境危害的深深忧虑，环境保护主义几乎是不受任何阻碍地和毫无怨言地被美国主流社会所接受了。“生态学”“生态系统”“生态平衡”不仅成为媒体上经常出现的词汇，甚至也成了普通人的口头语。人们与自然交好的迫切愿望促使他们急于去更多地了解那个曾被视为人类征服对象的自然。他们不仅要亲身投入到大自然去领略它的美，而且也希望理解它所蕴藏的内涵。于是，大卫·梭罗——一个19世纪前半期的自然作家的已被尘封了几乎一个世纪的书又重新被摆上了书架；美国的国家公园之父，20世纪初曾为保护约塞来特国家公园的整体性而战斗的自然保护主义者约翰·缪尔，成了自然爱好者崇拜的偶像；奥尔多·利奥波德，一位提倡“人是大自然共同体的一员”的科学家，被奉为美国环境保护运动的先知和精神领袖，而他的那本融哲理和文学为一体的散文集《沙乡年鉴》更被奉为美国环境保护运动的“圣经”。

与此同时，一系列有关环境保护和管理的法规也顺利出台了。至今美国所有的几百项环境法规，大部分都是在70年代制定的，其中一些最重要的法律，如《国家环境法》《空气污染法》《水污染法》以及《濒危物种法》都是在这个时期推出的。这真是令环境保护主义者兴高采烈的十年，也是令人怀念的环境保护运动的黄金时代。因此，有人称70年代是“绿色的十年”或“生态学的十年”。

20年过去了，在60—70年代发生的许多事件都开始被淡忘了，但是，唯有环境保护运动似乎长盛不衰。到了1992年，全美国已经有大约一万多个民间环境组织（或称非政府环境保护组织），其中最大的10个组织的成员已由1965年的50万人增加到720万人。1995年，根据民意测验，有73%的人都确信自己是一个环境保护主义者；80%的人则把环境看作是最重要的社会问题；而在70年代，持这一观点的则仅有7%。完全有理由认为，人们的环境意识要比70年代浓厚多了。但是，人们不禁要问，为什么环境保护主义所承受的压力反而越加沉重了？

也许，对环境保护主义与生俱来的某些特点做一点分析，会有助于我们去理解它的困窘甚至尴尬。

首先，是它浓厚的道德色彩。如前所述，环境保护主义是一种信念，是一种重建人与自然关系的强烈愿望。要实现这种愿望，按照利奥波德的说法，就必须树立一种自然共同体的意识，“要把人类在共同体中的征服者的角色，变成这个共同体中一员和公民。它暗含着对每个成员的尊敬，也包括对这个共同体本身的尊敬”。只有树立了这样的一种道德意识，人们才可能在运用他在这个共同体中的权利时，感到他所负有的对这个共同体的义务。这种认识，不仅依赖于对自然本质的科学理解，同时也依赖于在了解基础上建立起来的对自然的感情。

因此，这一信念是建立在道德基础上的，它与那种从经济学角度来了解人与自然的关系的观点是背道而驰的。对后者来说，自然只是一种资源，是人类为追求幸福和创造财富的资本；在和自然的关系上，人只需行使权利，而无需任何义务，从而，任何限制经济增长的行为都将是一种对这种特权的侵犯。这是西方500年近代文明中的一个根深蒂固的概念。而环境保护，从本质上说，既是对人类行为的一种制约，也是对其个人物质欲望的克制。这一点，则正是环境保护主义受到那些要保护工业发展和私人财产的既得利益阶层猛烈攻击的根本原因。（这里，顺便说一句，当前流行的所谓“可持续发展”战略，实际上也是纯经济学的。在笔者看来，因为它缺乏一个道德上的基础，其结果，恐怕将只能是有“发展”而没有“持续”。）进而言之，就整个社会来说，“发展是硬道理”，因此，任何环境保护在与经济发展的较量中所取得的胜利，大概也只能是局部的和零星的。这是环境保护主义难以克服的一个矛盾。

其次，是环境保护主义的中产阶级偏见。前面说过，环境保护主义是一种中产阶级世界观，这个阶级中的大部分人的经济地位和文化教养可以让他们去亲近和热爱那些与经济无关的自然事物，但是也很容易使他们忽视与经济有关的社会问题。

从历史的角度看，美国中产阶级是工业化和城市化的产物。在某种意义上，可以说，他们应是19世纪拓荒者的后代，因此，他们与那曾为这个国家发展提供了物质基础的大自然有着先天的联系。城市拥挤、喧嚣的生活环境往往会勾起他们对田园生活的回想，并促使他们设法为自己营造某种可以回归自然的条件和气氛。因此，登山、打猎、钓鱼、滑雪、野营等一直是美国中产阶级上层的传统户外活动。第二次世界大战后，美国的经济繁荣和社会空前富裕则给大部分中产阶级提供了旅游休假和野外休闲的物质条件，以致“到大自然中去”成了一种流行的城市文化生活方式，甚至是城市青少年身心教育的重要组成部分。（例如，童子军就是美国中小学生野外活动的重要组织形式。）也正是这种生活方式，非常自然地和顺理成章地，把偏远的大山、河流、森林和城市的人们联系在了一起。大自然不仅为这些城市的人们增加了文化生活空间，而且也为他们在和大自然的关系上增添了一份非功利主义色彩。人们在领略大自然带给他们愉悦和欢快的同时，也开始进一步理解它的美学内涵。这种理解是那样深刻地影响了美国人对大自然的感情，甚至使他们中的许多人产生了一种对野生的东西的特别的热爱。正像《沙乡年鉴》的作者利奥波德所说的，对有些人来说，这种感情已经到了“能有机会看到大雁要比看电视更重要”的地步。这种对大自然和野生的东西的理解和热爱，甚至偏爱，可以被称作是美国中产阶级中的一种“荒野情结”。

然而，也正是这种“荒野情结”使美国的环境保护主义者忽视了在同一个美国，却和他们不处于同一社会的问题。尤其值得注意的是，在五六十年代，随着城市人口的增加以及犯罪率的上升，越来越多的城市中产阶级，尤其是白人，已经离开了城市中心而迁往郊区，这自然更加深了他们和生活在城市底层的穷人和少数民族之间的鸿沟。由于偏见，或也由于传统中产阶级的清高意识，使那些环境保护主义者无视或不愿正视贫穷所带给穷人和少数民族社区的环境问题。环境正义者们向环境保护主义者提出的挑战正是向环境保护主义者揭示了这样一条真理：要达到人与自然的和谐，首先必须争取人与人之间的和谐——社区问题是和自然界一样不能忽视的。因此，从这个意义上说，环境问题也是一个社会问题。

但是，目前使环境保护主义者们困窘的问题还不只是它自身的某些缺陷，还有一个更重要的时代所带来的变化——到了20世纪末，那种曾被环境保护主义所激烈批判过的技术崇拜，似乎又在悄然兴起。信息技术、基因技术、纳米技术……五花八门的新技术似乎给人们对应付各种环境灾难上增添了一线希望：人可以用破坏了自然的技术去创造另一个自然。而且还不只此，世纪之交的人们似乎已没有了三十年前的那种危机感：环境问题并不像人们在三十多年前预感的那样严重，罗马俱乐部的“增长的极限”似乎也未到极限。更有甚者，那就是90年代美国连续十年的经济繁荣所滋长起来的一种乐观情绪。人们似乎更情愿相信：“未来会更好！”于是，什么“臭氧层空洞”呀、“温室效应”和“全球变暖”呀，似乎都有“狼来了”式的虚张声势之嫌。这是环境保护主义者们所要重视的不可回避的一种观念。

面对这样一种形势，回顾三十年的奋斗历程，站在世纪之交的环境保护主义者们也许和我一样，有一种“昔我往矣，杨柳依依；今我来思，雨雪霏霏”的悲壮之感吧。然而，我仍认为，不论时代如何转换，环境保护主义都是我们对人类在过去对地球做过那些伤害的认识和觉醒；它对重建一种人与自然的和谐关系的追求仍然是我们衡量人类文明程度的标尺。不论新的技术会如何改变地球，也不论它会给人们带来任何新的希望，我们却必须清醒地认识：人类是不可能在一个没有其他生命的地球上生存的。

赏读

侯文蕙教授是我国环境史研究的拓荒者，于20世纪80年代踏入美国环境史领域，长期从事美国环境史教学与研究，不仅从事译介工作，还对美国环境史的发展进行梳理、归纳和总结，成就斐然。1995年撰写的《征服的挽歌》诠释了美国环境意识的变迁，是我国第一部研究外国环境史的专著；《美国环境史观的演变》《20世纪90年代的美国环境保护运动和环境保护主义》《环境史和环境史研究的生态学意识》等论文为我国的环境史研究做出了重要贡献。

在本文中，侯文蕙教授回顾了20世纪60年代至90年代30年间美国环境保护主义运动的发展历程。为保护生态，美国环境保护主义者们做了很多努力，但在追求发展的社会大潮中，他们遭遇了诸多窘境，尤其是20世纪90年代经济繁荣期人们增长起来的对环境的乐观情绪使他们不得不左拼右挡，去对付来自不同角度的冲击和挑战，但环境保护主义者们依然不畏艰难险阻继续向前。

关注“荒野”是侯文蕙教授研究美国环境史的突出特点。她认为，现代文明的发展不应忽视荒野，试图完全消灭荒野的想法是不对的。在经济高速发展的今天，我们应该反思一味追求发展速度的功利主义，重新审视人与自然相互依存的关系，在人与自然相处的过程中约束自己的行为，尊重大自然的存在与进化规律，放慢社会发展的速度，改变社会发展方式，促进荒野与文明的和谐共生。

对此，我国学术界关注较少。改革开放30余年来，我国经济社会高速发展，与之相伴随的，是荒野的大面积、高速度的破坏与消失，而我国对于荒野的社会科学研究却少得可怜，因此侯文蕙教授对美国荒野研究成果的翻译和研究，对我国学术界开展荒野研究具有极其重要的导向意义，也是开展中国化的荒野研究的基础。她提出的观点与思想促使我们反思一味追求发展速度的功利主义，重新审视人与自然相互依存的关系，今天的中国必须改进社会发展方式，促进荒野与文明的和谐共生。我们相信，她的付出会推动环境史的发展，带动社会对环境问题的关注，也将启发学界对环境问题更深入的思考。

值得注意的是，在美国，环境保护主义是一种中产阶级的世界观，这个阶级中的大部分人的经济地位和文化教养可以让他们去亲近和热爱那些与经济无关的自然事物，但是也很容易使他们忽视与经济有关的社会问题。美国环境保护主义者因此表现出浓厚的道德色彩，“环境保护主义是一种信念，是一种重建人与自然关系的强烈愿望”，它与那种从经济学角度来了解人与自然的关系的观点是背道而驰的。环境保护从本质上说，既是对人类行为的一种制约，也是对其个人物质欲望的克制。这一点，则正是环境保护主义受到那些要保护工业发展和私人财产的既得利益阶层猛烈攻击的根本原因。就整个社会来说，“发展是硬道理”，因此，任何环境保护在与经济发展的较量中所取得的胜利，大概也只能是局部的和零星的。这是环境保护主义难以克服的一个矛盾。

作品

地球上最后一个人[①]

——冷视反全球化运动

钟 伟

为说不清、道不明的事情争吵不休。

雾里看花或有朦胧美感，而为说不清、道不明之事争吵不休的场景则注定滑稽不堪，现在的反全球化热大体如斯。在西雅图会议时，映衬着 WTO、IMF 和世界银行官员的，是汹涌的抗议人潮和警察的催泪弹；在捷克布拉格举行 IMF 和世界银行年会时，反全球化示威者向警察投掷燃烧弹和石块；在法国尼斯，欧盟高峰会议则伴着反全球化主义者的骚乱；IMF 总裁康德苏在联合国贸发会议上做告别演讲时，反自由贸易人士索性将馅饼扔到了他脸上。近年来反全球化示威浪潮似乎成了国际会议场外的必备场景，反全球化，所为何来？

一般说来，全球化实际上是过去 500 年来西方扩张运动的一种继续。它并非纯经济性质的运动，同时也是一个通过经济的扩张而使得西方政治理念和文化价值春处于强势地位的历史

---

① 选自《经济学家茶座（第 6 辑）》（山东人民出版社 2001 年版）。钟伟，生于 1969 年，江苏溧阳人，当代经济学家，著有《金融资本全球化论纲》等。

过程。对于非西方社会来说，“全球化”是一个充满痛苦的历史记忆而又无法回避的现实。而“反全球化”一词何时出现，已无从考证，它也许仅仅是西方主流媒体专横而简单的发明，如果把对全球化带来的一些负面影响，例如对社会弱势群体的漠视、对发展中国家资源掠夺的愤怒、对贫富差距拉大的忧虑统统无端地归结为反全球化并没有什么意义。抗议全球化的示威者和言论者很少使用“反全球化”一词。很多情况下，反全球化被和反经济自由化、反全球资本主义、反全球经济、反自由贸易、反美国化说法等同起来。我们在此所说的反全球化，不包括对全球化片面性的批评和抨击，仅指对全球化持全面否定的观点①。反全球化者也许认为，所谓全球化，就是西方文明、西方价值观和西方利益的全球化，对于非西方国家，必然是自我放逐到世界体系的边缘的、充满痛苦的历史记忆。人类似乎面对着更为单调乏味的将来，在全世界都喝着可乐看着好莱坞影片时，每个人都成了一个模子里刻出来的样子，而从蛮荒森林中走出来的，未被“全球化文明”驯化的人，则成了地球上最后一个人。全球化给人们带来了什么，以至于反全球化成为一种时髦的悲天悯人？

全球化带来了贪婪的跨国公司？

反全球化者宣称，全球化带来了“商品世界化”，商品在泛滥、人性被漠视、跨国公司越发贪婪。全球化让跨国公司来到发展中国家，砍伐森林、掠夺矿藏、建造血汗工厂，“给工人一块钱制造耐克鞋”，跨国公司几乎主掌了发展中国家的经济命脉和民众生活。反全球化者诅咒全球化，是因为在他们看来，现在的全球化严格意义上应叫作“公司全球化”，这样的全球化不是社会一体化而是社会解体的力量，这样全球化使国家之间、人与人之间、地区与地区之间的不平等、不公正进一步加剧。在我国，也有“起来一个外企，倒下一片国企；一个白领上岗，一群女工下岗”的嘲讽。也许将跨国公司在全球雇佣廉价劳动力、生产和销售廉价商品视作“贪婪”，既折射出对人类现有物质文明背后血泪历史的淡漠，也折射出人们不愿意付出资源全球

---

① 更为冷静地说，反全球化不应泛指对全球化片面性的批评，而仅指对全球化的极端激进否定，但在目前，很多情况下，对全球化的有益批评也被西方主流媒体和反全球化等同起来了，所以本质上反全球化实在是西方主流媒体专横而简单的发明。

参阅庞中英：《反全球化：另一种全球化——对反全球化现象的调查与思考》2001年版。

配置优化的代价。

“看不见的手”所要求的，表面上是跨国公司对更高效率、更低成本永无止境的追求，其实质是市场经济对人类进行“生命核算”，即制约于有限生命的人，在其一生中提供尽可能多的商品和劳务。1860年的英国，纺织女工每天劳动16.5小时以上，甚至有工人活活累死的惨剧；1919年，人类才出现每天8小时工作制。历经几代人残酷的“生命核算”，才造就了今日相对闲暇的生活和富足的商品。马克思曾说，资本主义的今天是后来者的明天，如果从这个层面观察，也许更能理解跨国公司将使发展中国家失去什么，得到什么。

免费的馈赠从来都是拙劣和不可抱怨的，而付出代价的收获从来都是痛苦和讨价还价的，全球性的资源优化配置也是如此。其实质是市场经济对人类进行“资源核算”，即制约于稀缺的生产要素的人，要将有限的资源转化为尽可能多的商品和劳务。各国毫无例外地卷入结构调整的阵痛。即使是美国，也熬过了纺织业、钢铁业全面衰退和失业上升的严冬，熬过了制造业空心化和被日本超越的尴尬，才迎来新经济的一缕晨曦。在中国的跨国公司近年来从财务表上看，整体始终处于亏损状态；而从国际收支表上看，却有数百亿美元的资本收益汇出①。因此指望跨国公司带来中国经济的繁荣是不切实际的，但中国的现代化的确需要外部资源和市场，如果得大于失，那么忍受全球化的痛苦也许是明智的。如果把中国入世当成是顺应全球化迈出的关键一步的话，那么8.7亿农民和1.5亿小城镇人口逐渐向城市和其他产业部门转移，而不困顿在不适宜生存的贫瘠地区，可能是我们不得不忍受的艰难岁月；利用外资和对公司全球化寄托希望，可能是与本土狼共舞无望时，不得不与外来虎谋皮。跨国公司的本性就是无耻和贪婪，无论鼓吹全球化还是

① 以1998年为例，处于亏损状态的三资企业达52 250家，亏损面为61.11%，企业亏损总额达到1 055亿元人民币，三资企业的销售利润率仅为1.35%，总资产报酬率仅为2.08%，资本收益率仅为0.64%，三资企业上缴国家财政171亿元，占全国财政收入的12%。可见从财务报表上看，三资企业的亏损状况竟比国有企业更为严重！由此看来，三资企业作为总体既然处于亏损状态，那就不应该有大规模的收益转移。而国家外汇管理局的国际收支统计年报却表明，目前存在达170亿美元/年左右的投资收益汇出，这和我国国际收支统计相矛盾。

参阅财政部涉外司：《中国外商投资企业财务分析报告》1998年版以及国家外汇管理局《中国国际收支统计年报》2000年版。

反全球化，对其本性几无影响。

全球化带来了无能的政府？

反全球化者宣称，全球化带来了“无能的政府”，使民众的生活失却了政府这道强有力的屏障。在发达国家，政府正日益“大权旁落”，典型的例证是德国宝马公司在1988年还向政府缴纳了5.45亿马克的税款，在1993年公司总利润和股息并没有变化，但在国内却出现了亏损，并从德国政府得到了3 200万马克的补贴。此外，德国西门子公司将其总部迁到了国外，在1996年，西门子没有向德国政府支付一分钱！全球化使得跨国公司能够对政府说：“你们从我们这里再也得不到一个子儿了！”① 这样的景象与其说反映了政府的无能，不如说暴露了政府的实质，即政府本来就服务于跨国公司并作为利益集团的经济代言人和合法暴力提供者的角色出现②。尽管本质上政府应该征得大多数被统治者的许可，作为其代理人而行事，但现实中政府仅仅是企业的代理人、市场的守夜人而已，政府本身不生产，其任何行为背后都是税款和举债，是企业和个人的税款养活政府，而并非政府养活民众。因此反全球化者指望政府作为自身的屏障本身就有致命的逻辑荒谬。与其说全球化暴露了政府的无能，不如说暴露了其越发臃肿，权力从来都是要求更大权力的前提和归宿，而绝对权力只能导致绝对腐败。作为市场“守夜人”的模范，尽管这几年英国和美国公共部门的膨胀有所回落，但是历史轨迹说明百年来政府这只“看得见的手”几乎无所不在。30年代罗斯福新政被贬抑为反市场的“强势政府”，但联邦政府当时的支出还不足GDP的6%，而英国经济即使在最崇尚市场的撒切尔夫人掌舵之下，国家支出的比重，也远远高于40年代末的艾德礼政府。政府职能的滥用甚至不仅仅体现在支出上，

---

① 参阅汉斯·彼德·马丁：《全球化陷阱：对民主和福利的进攻》，中央编译出版社，1998：273－275.

② 有一个生动例子可以说明政府必须服务于跨国公司，那就是2000年3月中旬德国财政部长奥斯卡·拉方丹的辞职。在德国经济面临衰退的情况下，他主张扩大内需，提高社会保障标准，增加高收入者和大企业税负等标准凯恩斯主义路线。但结果是20家跨国公司的老板联合警告施罗德政府，说拉方丹的经济政策意味着增加劳动力成本，减少利润，从而削弱他们的竞争力。如果执行这种政策，他们将考虑把总部和工厂迁出德国，这样政府的降低失业率的目标不但不能实现，反而还会上升。这样拉方丹就成了以跨国公司为动力的全球化的又一个牺牲品。

参阅韩德强：《全球化：别无选择?》，环球时报，2000－07－14.

千奇百怪的市场限制和立法管理，也正以令人瞠目结舌的速度泛滥成灾。如果说指望他人能比自己更谨慎地支配自己的钱袋是可笑的，那么有什么理由相信臃肿的政府会节制自身的膨胀，珍惜从民众那里收来或借来的钱呢？至今全球仍有一半人没有听过电话，有1/3的人不懂读写。全球化无情地剥夺政府本不可能具有的职能，发展中国家经济的凋敝不堪和人民生活的困厄，往往更是直接的当权者巧取豪夺的结果。

全球化带来了“亚洲危机”和“国际帮凶”？

反全球化者宣称，亚洲危机证明发展中国家遵循全球化轨迹是错误的，全球化带来了热钱的全球泛滥和索罗斯之类的金融大鳄，带来了印尼华人惨剧和社会动荡，带来了种种坏东西①。但却忽视了正是全球化，给亚洲带来了资源、市场和就业，带来了经济发展和社会进步，使亚洲仅用了50年的时间，就走过了西方耗费两个世纪才达到人均GDP 2 500美元的水准。当初克林顿称“危机不过是亚洲前行中一颗小石子的颠簸”，成一时之笑谈，而现在看来，亚洲危机的确仅仅是全球化交响乐中的不和谐音符而已。但这不是说亚洲奇迹是西方赐予的，而是亚洲经济体自身不断努力的结果。

反全球化的人士另一件乐此不疲的事，是对世界银行、国际基金组织和世界贸易组织这些国际组织进行严厉谴责，认为它们不过是“全球化的国际帮凶”，全球化正是这些既得利益集团鼓吹的结果。其中重要的诱因之一就是因为在世界银行、IMF或者其他跨国金融机构中，美国利益集团的驱动力。这种利益集团的成员主要由华尔街、财政部、国务院、IMF以及世界银行等最著名的机构的要员组成，其中财政部长鲁宾来自华尔街；阿特曼从华尔街来到财政部，然后又返回了华尔街；尼古拉斯·布拉迪曾任布什政府的财政部长，现在重操金融旧业；恩斯特·斯坦曾任世界银行代行长，现在是JP摩根的总裁；詹姆斯·沃尔芬森曾是美国投资银行家，现任世界银行行长，几乎IMF和世界银行所有重要部门的执行经理都是美国名牌大学的博

---

① 将亚洲危机愤怒地看作西方的掠夺阴谋并屡次批评的代表人物是马来西亚总理马哈蒂尔，他指责说：“西方国家要求亚洲国家具有更大的透明度，但却对自己的全球资本主义牌号遮掩与不让质疑，现在是到了打破此禁忌，公开讨论全球化的问题的时候了！”

参阅 Mahathir. Mohamad: A New Deal for Asia, Pedanduk Publications, Malaysia, 1999, p. 9.

士。很自然地，这个利益集团已经初步具备通过操纵金融资本来左右全球化的能力。不是“帮凶们”推动何来全球化呢?① 这些人也许忽视了，恰恰是联合国和世界银行这些组织，对减除饥馑和贫困倾注了最多的热情和资金，反自由贸易者也忘却了发达国家设置贸易壁垒的损失，相当于发达国家给予贫困国家赈济资金的两倍。既然联合国和国际货币基金组织等最主要的资金来源是发达国家，既然它们处理全球事务在表面上还不能完全依赖强权，还偶尔顾及所谓“国际秩序”，那么就算它们运作效率低下，总比赤裸裸的霸权好一些，例如，联合国已经对全球化带来的负面效应有所警惕，并指出：“全球化对许多人已经意味着更容易受到不熟悉和无法预示的力量的伤害，这些力量有时以迅雷不及掩耳的速度造成经济不稳和社会失调。”② 所以不妨对联合国、IMF 和世界银行等宽容一些，并敦促全球化利益分配机制的合理化，而将其视为全球 28 亿穷人的敌人，似乎大可不必。

全球化带来了“人性漠视”?

温和的反全球化者宣称，全球化带来了人性漠视，西方文明和价值观如潮水般涌入，各国的经济发展只有顺应全球化的开放型市场经济这一条道路，而不是条条大路通罗马；多民族的缤纷文化只能被淹没在古希腊文明的衍生品中，而忘却对多样化文明所滋养的生命的尊重。我们不妨将这种“人性漠视”喻为人性丰富的诞生蜕变为单调的克隆；而激进的反全球化者则宣称，喧嚣尘上的全球化，根本只是“迷思”（myth），它只能导致强权对人性的蔑视，例如北约对科索沃的杀戮，以及更极端的民族主义的兴起，促使世界文明分解成不同文化、宗教和种族的独立领地，而不是什么世界大同。经济全球化、文化全球化只是天方夜谭，一统经济、政治、文化和军事的全球化“狂想”，都是西方发达国家所臆想和杜撰出来的，所谓的“国际秩序”和“国际一致”，只是将一己之欲强加于人的强权国家的口号。我们不妨将这种“人性漠视”喻为人类理性的演进蜕变为非理性的解构。

---

① 此外，持此看法的还有许多其他著名人士，例如，当 77 国集团第一次首脑会议在哈瓦那举行之际，古巴主席卡斯特罗即呼吁：“毁掉国际货币基金组织，让这个可恶的机构和它所代表的哲学消失，对于第三世界来说是至关重要的。”

参阅 J. Bhagwati：The Capital Myth：The Difference Between Trade in Widgets and Dollars，Foreign Affairs，May，1998.

② 参阅安南：《我们：联合国人民》，联合国（中文版），2000－04－03.

反全球化者也许没有看到，开放的市场经济只是意味着人类合作秩序的自发扩展，而扩展的方向则是增进人类福祉，且并不是救世主可以先验地指誉的。美国人以其自由精神说德国自律式社会市场经济不是市场经济，法国人泡在咖啡和葡萄酒中指责美国粗陋的影视不能和法国优雅的文化同日而语，而英国人漂泊在欧洲大陆之外讥笑法国人是“欧洲的中国人”。香港经过了百余年英殖驯化，却依然粤语粤风；最欧化的日本人，即使在亨廷顿那样的政治家看来，在未来文明冲突中也将倒向亚洲的怀抱。因此美籍日裔学者福山等所称的“西方文明必胜”，乃是人为恶意地错指了全球化的可能方向，是用“少数人的全球化”窃取了全球化的演进路径，把全球化的必然性扭曲为“少数人的全球化”的必然性，并以此对多数人进行强制全球化，并得出“地球上最后一个人”之类的奇谈怪论，这种认为全球化会使得人类未来更单调或更非理性仅仅是经不起推敲的臆想和假设。

但是反全球化者热衷于以“对人类的终极关怀”，来对抗“人性漠视”却的确提醒了我们：人类的活动仅仅以生命为目的。如果我们承认生命的种子是不同的，那么在全球化的土壤中成长的结果，就不仅仅有参天大树，也会有藤蔓和绿草。前一种“人性漠视”以为未来人类只有参天大树，而后一种“人性漠视”则以为藤蔓为生存就必须绞杀大树。由是观之，对人类的终极关怀，恰恰是我们自身必须承认希腊罗马文明和东方文明的共生性，如果一种文明不能解决自身引发的问题，它就是一种堕落的文明；如果一种文明对自己最紧迫的问题都视而不见，它就是一种病态的文明；如果一种文明对自己的基本要义用于欺诈，它就是一种行将灭亡的文明。① 借口全球化唯洋是拜不必，但借口反全球化唯洋是仇也大不必。也许我们应该民族为本全球为怀，给每一颗种子以成长的平等机会，以同等的尊重承认树、藤和草共处而不是谁独享森林。

---

① 事实上，承认人性的普遍性和承认文明的共生性并不矛盾，无论对东方文明持有何种看法，并不能影响另一个明显的事实：两个多世纪以来的所谓西方文明，没有能力解决其自身的两个关键性问题，即无产阶级问题和殖民主义问题，而越来越倚靠伪善为其伪装色，同样，目前中国出现的奴化全球化主义者所持的殖民现代化（Modernization through Colonialization）其本身恰恰是漠视人性的荒唐思想。

参阅艾梅·赛萨尔：《殖民主义话语》，朗文出版社，1997：73－76.

全球化带来了扭曲的“社会公正”?

反全球化者宣称，全球化不过是“全球资本主义化”的借口，是对“社会公正”的扭曲。反全球化者之所以认为全球化是“少数人的全球化”，是因为贫困阶层日益庞大，发达国家和发展中国家的差距在不断拉大，一位印度经济学家曾悲哀地指出，在全球化背景下，大概他的第13代孙可以达到美国人20世纪90年代的生活水平。发展中国家抱怨全球化使得第三世界人才外流严重，目前美国1 200万科研人员中，72%出生于发展中国家。全球化使非洲流失了其熟练劳动力的1/3，发达国家廉价地从发展中国家挖掘人才，使得发展中国家的国民素质难以提高。即使在美国，工会也在声称全球化将使美国未来3年工人的总体工资水平下降，25%的失业者无法找到新工作，72%的人在重新就业前将失去任何收入来源。看来全球化导致贫富悬殊，是有违“社会公正”的。

反全球化者关注到社会阶层结构在严重失衡中，占全球1/5人口的发达国家拥有全球产出的80%，而占全球3/4人口的发展中国家仅拥有18%①，似乎符合格拉德·伯得斯贝格在《全球化的十大谎言》中所谴责的那样，“不论全球化给北半球带来了如何有益的影响，它对南半球大部分地区的作用却微乎其微”。然而更不容忽视的，是年青的一代较之年老的一代对全球化更为积极，在这样一个年长者必须向年轻人学习以适应生存环境变化的“后喻时代”，全球化也许是难以抗拒的，我们能够抗拒的，仅仅是金钱和强权君临天下的“伪全球化”时代（Hypocritical Globalization），对于全球化寄托“社会公正”恐怕过于理想化，或者回答应该是：“全球化，是霸权一统，不；共享繁荣，是金钱统治，不。”②

也许到了忘记“社会公正”的时刻，哈耶克无情地指出，“社会公正”一词是含混不清的，其真正意图是减少或消除收入差异，是对特定阶级实施剥夺并转移给另外一些阶级的“公正”呼吁，那么，凭什么我们可以认为对特定阶级的剥夺或施舍，其结果不是有限的“个人公正”、局部的“阶级公

---

① 参阅联合国计划发展署：《人类发展报告（中文版）》，1999年版。

② 参阅 Mahathir. Mohamad：Hegemonic Unformity and Conformity，from A New Deal for Asia，Pedanduk Publications，Malaysia，1999，p. 139.

正”，而是广泛的“社会公正”?[1] 如果贫困国家的政府没有支付本国人才的培养费用，那么政府强制这些人忍受贫困进行纯奉献构成对人才的公正吗?美国钢铁业工会面对来自中国的强大竞争压力，不断反对中国加入WTO，构成美国码头工人期待中国入世后，因更多货物吞吐而改善其生活的公正吗?如果人类历史不是弱肉强食的历史，曾经有过所谓的“社会公正”“全球正义”，那么反全球化是站得住脚的，如果没有，那么社会正义本身就是乌托邦式的理想。

全球化带来了“国际强权”?

反全球化者宣称，全球化是“少数人的全球化”，其实质是国际强权秩序，因此全球化并非人类的福音书，也并非顺之则昌、逆之则亡的历史必然。因此反全球化者强调，我们面对全球化，可以迎合也可以摈弃，这仅仅是少数强者的游戏，人类可以另有选择。我们能选择既非全球化亦非反全球化的“第三条道路”吗?

全球化的确带来强权秩序，但秩序，尤其是国际秩序，除了靠强权维持之外是否有施行“德政”“仁政”的可能?国际经济规则的制订，从来都是以经济、外交乃至军事实力说话，而不是悯恤和眼泪。以美国为例，其多维度的战略转变以及新经济的洗礼使得美国的优势产业集中在服务业和与知识产权等。为此美国大力鼓吹应达成全球服务贸易协定 GATS，以及与贸易相关的知识产权保护协定 TRIPs。为了在乌拉圭回合促成上述两个协定，美国不惜将谈判拖延了8年。国际强权并非让人喜欢，曾经有多种美好设想去抗拒这种强权，例如更为美好、平等和开放的社会，例如改组联合国以剥夺美元资本寄生全球，但问题的关键是作为弱势群体，既苦无制约国际强权的可

---

① 从本质上看，“社会”（social）一词和任何词汇结合都会造成莫名其妙的混乱，使用社会行为、社会公正、社会民主、社会法治国家等一系列的核心意思，乃是冒用全部群体之名，行部分群体的主张、行为和信念和意图之实，其结果必然是部分群体在“社会”的名义下遭受严重损害。因此，在哈耶克看来，“社会”一词是不可取的，社会公正或社会权利是不存在的。

参阅哈耶克：《致命的自负》，中国社会科学出版社，2000：130－173.

能方式，又缺乏由此到达梦想彼岸的必要手段。① 即使所谓的“第三条道路”，也不过是传统欧洲社会主义者对新科技发展的一种回应，其实质是与当今美国式的资本主义相容的。“第三条道路”的提出者仅仅是想在传统的社会主义和资本主义之间寻找一条中间道路，而在实践上它往往仍是资本主义的，欧洲人自己也认为并不存在真正的“第三条道路”。这是落后国家的不幸，我们不能不承认，作为发展中大国，中国只可能是“被全球化”，而不是“全球化”。② 但这并不构成反全球化的理由，因为反全球化的鼓吹者恐怕没有意识到，如果全球化仅仅是“少数人的全球化”，只是给强权国家或者阶层带来好处，那么不用反全球化，这样的损害大多数国家和阶层的全球化，最终会无疾而终。对强权秩序的抱怨，实际上反映出在“双赢”背后，全球化的参与者在瓜分全球化创造的“馅饼”时，少数强势者和多数弱势者的所得差异甚大，参与者总是对自己那一份额进行喋喋不休的讨价还价。

面对生死，我们没有不生不死的选择，除非灵魂出窍；面对全球化和反全球化，我们同样非此即彼，不存在侥幸的回避。现实的问题是，如何避免为迎合奉承西方而全球化，如何增强自身的砝码和争得自身的利益？所谓“第三条道路”，其实质乃是黄鼠狼式修辞，即像黄鼠狼可以吸空鸡蛋而不留任何痕迹一样；人们可以借口“面对全球化我们可以另有选择”，以所言非所指来行反全球化之实，其在理论和实践上都只不过是怯弱的无能。

反全球化是“全球化的产物”？

有趣的是，反全球化热潮恰恰是全球化的产物，无论它自身如何声称，

---

① 对于全球开放社会和国际组织改组的美好设想。

参阅乔治·索洛斯：《走向全球的开放社会》，大西洋月刊，1998（1）：20-32；萨米尔·阿明：“50年足矣”，转引自王列等编：《全球化与世界》，中央编译出版社，1998：219-257。

② 也许中国是主动地“被全球化”，而不是被动地“被全球化”（Imposing Globalization），总体上说，反全球化比较激烈的是欧美国家，似乎从全球化中获得利益的东亚对此要缓和一些，而美国总统候选人布坎南、法国总理若斯潘等则都对被动全球化，尤其是美国更多参与和主导全球事务表示反对。

可参阅 East Loves West，Newsweek，Spet.，25th，2000，以及 Anti-Globalizatism Masks A Different Reality：Statism is Weaking in France Just as in Other Democratic Countires，The Aisia Wall Street Journal，July 11th，2000.

都折射出全球化是自发演进的人类历史阶段。反全球化的到底是什么人？是无政府主义者、反贸易主义者、环保主义者、民族主义者、人权组织、行业工会，甚至土著人组织、性别平等主义者等的混杂物。具有讽刺意味的是，这些打着反全球化的非政府组织（NGO），其本身恰恰似乎也是“全球化”的组织，他们依靠着自身的全球化，为了共同的反全球化目标而走到一起。近年来在国际会议之外反全球化的喧嚣者，并非乌合之众，而是由跨国的NGOs通过他们激烈反对的互联网来操控的！例如西雅图会议外近2万的示威者，是“主动反对经济全球化联盟”的杰作。反全球化的实质，不过是另一变种了的全球化。

不仅如此，反全球化者所宣称的“全球化带来的戕害问题”，例如日益严重的环境污染、庞大的穷困阶层、边缘化不断扩展的第三世界化问题(Third Worldization)、对人权的尊重以及无序的资本流动等，可能恰恰需要通过全球化来解决。发展中国家的环境问题，其根源却在贫困人口的生存和政府臃肿腐败问题，闭关锁国和全球化哪一个更对症是不言自明的。而穷国的债务负担，资本流动监管等，正需要全球化的“帮凶”乃至OECD这样的“富人俱乐部”，通过全球性或区域性协调，达成更广泛的豁免共识或监管框架。如果我们认为，整体上发展中国家的自然资源和生存空间较之发达国家是颇为有限的，那么最庸俗的关于“全球化是要素资源的全球优化配置”就是对后进国家有利的事情；如果我们认为全球化不仅仅是要素资源的全球配置，更是社会经济政策，尤其是大国的社会经济政策在全球的优化配置，那么发达国家垄断国际“话语权利”因全球化而不能不考虑发展中大国针锋相对的政策。反全球化戏剧性地说明，解铃还须系铃人，即解决全球化的负面影响，要倚靠全球化，尤其要倚靠发展中国家从自身利益出发，强调要素在发展中国家和发达国家的双向流动（包括劳动力）；强调宏观政策的国际协调以分享全球化利益，而不是廉价卖土地、卖劳力、卖资源。①

反全球化热潮在中国正潜流暗涌？

反全球化在中国也正以悲天悯人的曲调在奏响，中国的反全球化者宣称，全球化正在催生“新帝国主义体制”，即不是以军事强制为先导，而是以市场和资本为杠杆的、没有鲜血和暴力的侵略与霸占。目前的互联网是信息帝国主义，WTO 是市场帝国主义，IMF 是金融帝国主义，联合国则是政治外交帝国主义，全体发展中国家再度成为帝国主义的“臣民”的日子已经不远了。这样的潜流正以“社会良心”式的诏喻悄然涌起。

我们不妨思量如果我们不愿意作为“新帝国主义体制”的臣民，我们需要抛弃什么，反全球化者的潜台词显然是在说，要抛弃市场经济而选择极权经济，要抛弃现代金融体系而重新复归荒谬的金本位，要抛弃互联网而退回电报电传阶段，要抛弃联合国而回到分崩离析的孤立的民族国家时代。似乎我们为了反全球化必须告别我们已经生活的年代。当血缘的疆界淡化时，我们从母系时代迈进到父权时代；当氏族的疆界淡化时，我们从部落杀戮过渡到民族国家时代；当经济疆界淡化时，我们从分立国家时代向全球化时代。而每一次，我们都心存疑虑。但经济疆界在目前的全球化背景下，仅仅是淡化而已，并未消失，在政治、国防等其他领域，全球化仍然是遥不可及的梦想。反“新帝国主义体制”对全球化的理解显然失之肤浅。我们的问题是往往在经济全球化还在推进时，已经过分地迈进到“后经济全球化”时代，以为民族国家间的种种冲突就消失乃至弱化了，以至于忘记全球化秩序是分立的民族国家因为存在严重冲突而协调的结果，却采取“头手倒立”的方式，认为回避和不敢正视国家间冲突和威胁就是参与全球化了！在欧亚会议的歌

---

① 全球化背景下，对劳动力的自由迁徙权是极其重要的。以美国为例，全世界科技移民总人数40%被吸引到美国。据联合国公布的数字，1960—1987 年共有 82.5 万专业人员移居北美洲。美国国家科学基金会的数字显示，1995 年美国科学和工程项目的工作人员达 1 200 万，其中 72% 的人员出生在发展中国家。另据国际移民组织估计，在工业化国家工作的非洲专业人员现在有 10 万人，占该洲熟练劳力的 1/3。印度有 40% ~50% 的大学毕业生出国求职。甚至在美国完成硕士学业的欧洲人中，50% 将留在美国。而同时，西方国家对发展中国家的人口迁徙极其恐惧，往往有一方面敦促发展中国家开放却同时要求其像控制监狱一样控制其边境以防止偷渡。

参阅经济全球化加速第三世界人才外流，http://www.cnmaya.com，以及王小东：《当代中国民族主义论》，战略与管理，2000 年第 5 期。

舞升平中，反欧亚会议也许多少有一点警示的意义①，即民族国家的分立仍然将是未来相当长时期内的基本格调，民族国家融合尽管值得期待但显得遥远。

我们也不妨思量全球化究竟给我们带来了什么？实际上中国人生活的点点滴滴都折射出“全球化”的色彩，孩子们吃着麦当劳、肯德基，前卫少年带着 MP3 哼唱摇滚、蓝调，商务人士手不离爱立信手机、IBM 笔记本。我们已分不清生活中的哪些场景是“土特产”，而哪些又是“舶来品”——洋人的乒乓球成了国球，而中国餐馆则让洋人领略了什么叫“食文化”，并不是要穿着长袍马褂，唱着京剧才算保存了民粹，穿着牛仔裤喝着可乐写“中国人可以说不”的难道不是满溢着民族激情和以更合理的方式迎接全球化？

全球化正在催生怎样的未来？

全球化的浪潮会将我们带到何种彼岸？难以预言却值得反思。目前的全球化带有明显的强权主导性，甚至“不过是重新恢复资本主义那种既是国际的、更是跨国的原始使命，把疆界和国家、传统和民族统统踩在脚下，迫使一切都更加服从唯一的价值规律”的洪流②，但资本主义不是未来必然的，社会主义不是历史给定的，而是实践创造的。社会主义已不是一种固定的计划蓝图。全球化所带来的“全球治理”，对社会主义来说，有助于实现人类的和平合作与可持续发展，加强“全球治理”将逐渐形成一定的规则体系。社会主义者在全球化中正起到越来越重要的作用，他们不期望新自由主义的“新思维”和“新鼓吹”，而转向实际层面，要求各国在经济上的平等发展、社会福利的保证和社会安全等。20 世纪的两位伟人对此做了也许不纯是巧合的诠释。列宁预言，民族之间各种联系的发展和日益频繁，民族壁垒的破坏，资本、一般经济生活、政治、科学等的国际统一的形成，标志着资本主义已经成熟，正在向社会主义转变。而熊彼特则隐喻，如果资本主义的进化趋向于自己成为多余的东西，一种非常清晰而稳重的社会主义将几乎自动地

① 参阅 Chua Leehong：The Other Asem：Voice Go Unheard in the Noise，The Straits Times，Singapore，Nov. 5th，2000.

② 参阅雅克・阿达：《经济全球化》，中央编译出版社，2000：74.

出现。①

我们不妨以马丁·路德·金的一段旧演讲结束心灵的冥思，这也许可以帮助我们理解为什么人类需要“全球化”：一个著名的小说家去世了，在他的文稿中发现一张未来小说的创作构思单，其中突出强调的是这样一个主题：“一个严重分裂的家庭继承了一幢房子，他们只好居住在这幢房子里。”一幢巨大的世界房屋，我们只好一起居住在里面——黑人和白人、东方人和西方人、非犹太人和犹太人、天主教徒和新教徒、穆斯林教徒和印度教徒——一个在思想上、文化上和兴趣爱好上不适当地分裂开来的家庭，由于我们根本无法再分散地生活，所以必须懂得以某种方式共处。难以清晰阐述的某种方式，也许就是全球化的隐喻，反全球化者否定这种方式存在的可能，奴化全球化者则宣称我们本是和睦的天下一家。

赏读

一个著名的小说家去世了，在他的文稿中发现一张未来小说的创作构思单，其中写道：“一个严重分裂的家庭继承了一幢房子，他们只好居住在这幢房子里。”

“他们”指的是在地球上生活的各种人——黑人和白人、东方人和西方人、非犹太人和犹太人、天主教徒和新教徒、穆斯林教徒和印度教徒——一群群在思想上、文化上和兴趣爱好上完全不一样的人。由于“他们”根本无法再分散生活，所以只好一起居住在一幢巨大的世界房屋里。

这是一个全球化的隐喻，针对这种情况，反全球化者否定这种居住方式

---

① 中央编译局、中国社会科学出版社、《马克思主义与现实》杂志社曾共同主办“全球化与当代资本主义”国际学术报告会，与会者包括特奥托尼奥·多斯桑托斯（巴西）、萨米尔·阿明（埃及）、雅克·赫希（丹麦）等国际著名学者，其倾向性的结论是：社会主义不是在历史上给定的，而是在实践中创造的。苏联的失败并不表明社会主义必然失败，社会主义完全可以有其他道路，可以在中国乃至在未来的印度或美国运作得很好。社会主义应当融入全球化，在资本主义社会中，社会主义也仍然有前景，值得为之奋斗。在我们看来，建立全球化是一个历史、现实和未来的自然历史进程，故希望相对公正的社会在急风暴雨中建立起来是不现实的，但社会主义的种子蕴含于旧社会的细胞中。

参阅钟伟：《资本浪潮：金融资本全球化论纲》，中国财政经济出版社，2000：370－371.

存在的可能，而奴化全球化者则宣称我们本是和睦的天下一家。显然，这两种认识都是失之偏颇的。

事实上，全球化是自发演进的人类历史阶段。在过去500年间，全球化表现为西方的扩张运动，它并非纯经济性质的运动，同时也是一个通过经济的扩张而使得西方政治理念和文化价值处于强势地位的历史过程。于是，对于非西方社会来说，“全球化”是一个充满痛苦的历史记忆而又无法回避的现实。于是，反全球化的声音出现，并且甚嚣尘上，大行其道。这些反全球化者认为，所谓全球化，就是西方文明、西方价值观和西方利益的全球化，对于非西方国家，必然是自我放逐到世界体系的边缘的、充满痛苦的历史记忆。

对此，作者怎么看呢？在《地球上最后一个人——冷视反全球化运动》一文中，作者分条列举了反全球化者所着力批评的全球化的种种弊端，对之予以一分为二的辩证分析，从而消解反全球化的理论支持和现实基础；并在最后指出反全球化的实质，不过是另一变种了的全球化。

在作者看来，资本主义不是未来必然的，社会主义不是历史给定的，而是实践创造的。社会主义不是一种固定的计划蓝图。全球化所带来的“全球治理”，对社会主义来说，有助于实现人类的和平合作与可持续发展，加强“全球治理”将逐渐形成一定的规则体系。社会主义者在全球化中正起到越来越重要的作用，他们转向实际层面，要求各国在经济上的平等发展、社会福利的保证和社会安全等。

十分难得的是，作为一名经济学家，作者钟伟以缜密的逻辑和清晰的思路，通过诸多比喻的运用，把一个经济学领域的重大话题写得深入浅出，在驳论中立论，立场鲜明，切中肯綮；旁征博引，条分缕析；对诸多社会现象、经济现象、政治问题、文化问题进行深度剖析，雄辩滔滔，却并不咄咄逼人。最后，他得出“地球上最后一个人”乃奇谈怪论的结论，帮助我们拨开在全球化问题上认知和思维的迷雾。

切记：人类的一切活动应当以生命为目的。也就是说，如果我们承认生命的种子是不同的，那么在全球化的土壤中成长的结果，就不仅仅有参天大树，也会有藤蔓和绿草。

作品

水的感悟[①]

王兆胜

我们生活的世界包罗万象，无奇不有，但如果说有什么最不可思议和不可或缺，恐怕就不多了，比如“空气”和“水”。因为“空气”无色、无味、无形、无状，我们无从把握感受，所以很难去说它；“水”则不同，它随时随处可见、可感、可用，所以颇值得好好观察、体会与感悟。“水”就如同父母，它不仅给人以形体、营养，还给人以思想、感情、精神和灵魂。作为人生的孤独者，通过“水”，我获得了安全感、快乐、力量与美感。

当手捧水时，好像什么都没有，我们不知道这水到底是什么，尤其当它顺着指缝流失之时，这种感受尤其强烈。此时，我们不像拿着一块面包、一本书那样实在可感，但水却无处不在，无时不有，它几乎渗进我们生活的每个角落、每一细胞，甚至它就是我们自身，也是细胞本身。比如，没有食物只要有水，人还可存活一段时间，若无水则生命很快就会结束；我们

① 选自散文集《天地人心》（山东文艺出版社 2006 年版）。王兆胜，生于 1963 年，山东蓬莱人，著有《林语堂的文化情怀》《逍遥的境界》等。

吃的食品、水果、蔬菜等都含有大量水分；就是生活中不求解渴的酒、醋、酱油等也都离不开水。据说，人体中水分的含量高达百分之七十以上，可见，人几乎是“水”的代名词。将“水”说成人类的生命线和血脉一点也不过分。更有意味的是，每个人都生活在“水”中，但却对它理解甚少，甚至于常忽略其存在。关于这一点，“水”颇似人之血液：它如此重要，却不显山露水，更不张扬狂妄，沉默与静穆是其本色。所以，“有”与“无”在“水”上得到了很好的统一：当失去它时，方感其可贵；当拥有了它，往往又将其淡忘。可是，作为“水”本身，它却一如既往，无言无怨。

水以柔软著称，却无坚不摧。这看似矛盾却可以理解。老子有言：“柔弱能胜刚强。”即是此理。最典型的是水滴石穿，以滴水之功积月累年可洞穿硬石。用钢钎在巨石上打洞，必借水的滋润。钢铁在水汽中会不知不觉慢慢腐蚀、消失。于是，我开始认识到柔弱的伟力，人生观和思维方式也产生了革命性的变化。又如慈母，她比严父柔弱，但对子女的影响却是永恒的，不会因时间的流逝变弱，更不会消亡。又如羽毛，它是轻而又轻的事物，但“积羽”可以“沉舟”。可见，一人的聪明天资固然重要，但对成功来说，意志与恒心更重要。人与人的关系也是如此，采取温情和平、慈爱柔弱的态度往往非常重要。一人若能做到此点，就几近于道。所以，我喜爱温和的阳光、款款的春风、绵绵的细雨、纯粹的婴孩儿、平淡的心境以及会心的微笑。

自幼年开始，我就注意母亲以水和面，本是一盘散粉，转眼间却变成完整、结实和光润的面团。后来，又注意父亲用水将泥土、石灰和在一起，将许多分离之物粘在一起。其实，完整世界主要是靠水结合的，它是物与物间不可缺乏的“纽带”与“桥梁”。可以设想：没有水，这个世界就是一盘散沙。另一方面，水又是分解万物的“融化剂”，因为它的存在，世界才有了个体与清洁。像大陆因为河流而被切割开来，于是大峡谷产生了，不同的大陆与国家得以独立。还有，衣服、器皿、汽车、房间甚至身上和脸上的污浊，只有水才能将它们洗涤干净。有时，我悠悠地冥想：水可真是奇物，它既统一又分裂，有时黏结而有时又分离。人恐怕也应该从中受启发：他是否该像水一样有黏合力，又必须保持自己的孤独寂寞。这既是指外在的，更是指内心的。不知道中国古训“不即不离”是否内含了这一原理。

水甘居下位，这与争强好胜和一味追求名利的人类大相径庭。一条河流从高处向低处流，因为大海是它的希望所在，也是它的目的地和最后归宿。所以，在我们生活的世界，大海是低的，一直处于下位，否则河流怎能向它流去？喷泉之美往往得人称赏，但少有人意识到它的美是人力所为，并非水之初衷，所以在不得不上升后它立即下落，因为甘处下位是水的本性。面对水，我总钦佩它“甘处下位”的品格，于是，在自己的人生中就有了强大的支撑：不争先，不争利，更不争锋。与此相关的是，水的一生只求一个目标，即“平静”。所以一条河流的长途跋涉，一挂瀑布的痛苦轰鸣，一潭池水甚至大海的汹涌澎湃，都是因为不平。然而，当一平如镜时，水是多么安详仁慈，犹如母亲温暖仁慈的怀抱。还有，当水平如镜，它方能照出万物的容颜，显出宁静致远的内心。由此，我想到人应达到的高度是：不是在喧嚣中眩晕迷失，而是在宁静中澄明一片。

常言道：“水至清则无鱼。”水是圣洁的，它天然地具有高贵纯美的本质，所以洁白的天鹅爱在水中嬉戏；另一方面，水没有洁癖，善于“同流合污”。当用净水洗涤，甚至用它洗涮粪便，水从无厌恶之情，它仍平心静气地去做。可见，水并不是一味洁净，有时它是靠清除污秽显示圣洁，即使自己面目全非也不顾惜。在人世间，更多的人往往以“洁身自好”为座右铭，有的对污浊丑恶还深恶痛绝，唯欲立即消灭之而后快！殊不知，当与污浊格格不入时，实际上自己也就丧失了洁净、神圣与尊严。所以，对一个人来说，以平和的心态对待污浊，并能以清洁之身洗涤之，这才是得道者。苏东坡有言：“在我眼里天底下无一个不好人。”耶稣面对坏人说过这样的话：“我不憎恨你们，因为你们无知。”所以，洁身自好者定是曲高和寡者，他们的境界、品位和意义远不如那些“和光同尘”之得道者。

水没有固定的形体，它随物赋形，顺乎天道。一只碗使水变成碗形，一个坑洼让水变为坑洼状，一条窄道和一个峡谷令水成为河流，严寒的屋檐给了水一个个长长的冰柱……表面看来，水好像不能自主，甚至没有原则，从而形成了顺从的性格。以人类的道德观审视，我们对水总会取批判态度，其实这是不理解水性所致。就是说，正因为水有这样的“圆通”“顺从”与“屈辱”，它才具有适应一切的可能。这也是老庄所说“受辱是福”的道理。释迦牟尼说过：“不能忍受屈辱，那靠什么修行得道？”车辆之所以能快速滚动，还不是因为它有“圆”轮？因之，“圆通”不仅有政治、伦理层面的意义，更具有哲学的启迪。当然，水并非任意随人随物摆布，它有着自己的原则，那就是：一旦外力无视其本性，水就会表现出另一特性，即率性而为和我行我素的“自由”精神。当让一盆水落地，它就会随意涌流；当江河束缚过分，它就会冲决堤坝；当大雨自高天飘落，它就会洒满大地的每个角落。因之，水又是自由的，在本质上并不完全受制于人和物。水一面显示其温柔驯顺，另一面却豪放粗犷，几乎无力能与之匹敌。

在《红楼梦》中作者有这样的话：“男人是泥土做的，女儿是水做的。”这是讲水的圣洁，也是说水的灵气。从水与土为伍、与污浊同处来看，水又是世俗的，甚至于甘处下位，从而表现了其低卑的一面；但从根本上说，水却是圣洁灵性的。当其宁静清纯时自不必说，即使当污浊沉淀，水还是显示了自己的清洁面貌，更多时候水则令人羡慕不已。比如，水结冰而有“冰心”一片，在阳光的照耀下光辉闪烁，灵光耀目；在特殊的条件下，水还会变成雾气升入天空，像长了翅膀，有如得道成仙；还有，在高天的水汽还会凝结成雪，又向大地降下一片片洁白。不管怎么说，水神秘莫测，它像孙悟空一样富于变化：一会儿人间，一会儿天上；一会儿为雨，一会儿成雪；一会儿为水，一会儿结冰；一会儿为云，一会儿变雾。有时候，看到南方水乡的草木滋荣，或金黄，或碧绿，或粉红，或洁白，我就在心中暗想：这一定是“水”这个魔术师的艺术品，否则如何在混浊的泥土中能生长出这样的容颜？

据说，在我们生活的星球上，陆地仅占五分之一，而水则占五分之四的地域。如果诗意地讲，陆地是边框，那么水面就是镜子。有了这面镜子，云彩、飞鸟、高山可以映照自己；而人类更可鉴别身心，这包括容貌、德行、品性、感情、思想和智慧。因为归根结底，生命是水给的，水中包有天地之道心。

赏读

由于崇尚自然天地，强调人心与宇宙的融凝为一，王兆胜的散文随笔在总体上显现出一种“和谐澄明”的美学风致。他总是通过他的作品轻声慢语告诉我们：当今我们所处的社会，是一个追求速度、追求效率的社会，总之，是一个“快”的社会。在这样的社会氛围中，人的压力越来越大，越来越浮躁，越来越没有耐心，这其实是一种“现代病”。为了去除这种时代病，他极力推崇“柔韧之道”，提倡“半半哲学”，主张“慢”的节奏，欣赏“不知”的人生态度。

迄今为止，他的散文创作已经形成了自己的个性和特色，那就是立足于天地人心的高品位和多维度的写作。这种写作既体现着散文的根本特性——真诚感情和自由的精神，又处处折射出敬天、和谐与爱人之心。这种写作还高扬着创作主体的创造性想象，富于生命激情和诗性智慧，但更多的时候，他的笔调又是优雅洒脱的，透出一种因心散而氤氲出来的灵性与闲笔。

《水的感悟》这篇作品在文类上属于哲思式的随笔，但感受细腻，既写得具体可感，又处处透出哲理的机趣。比如作者说：“当手捧水时，好像什么都没有，我们不知道这水是什么，尤其当它顺着指缝流失时，这种感觉尤其强烈。”这是从我们身边的日常生活写起，读来十分亲切自然，不但能唤起我们个体的生活经验，又通过文学的笔调给予读者一种艺术美感。接下来，文章又从多个角度来写“水”，诸如水如此重要，“却不显山露水，更不张扬狂妄，沉默与静穆是其本色”，“水以柔软著称，却无坚不摧”，“水甘居下位，这与争强好胜和一味追求名利的人类大相径庭”，“水没有固定的形体，它随物赋形，顺乎天道”；还有“水”一方面是圣洁的；“它天然地具有高贵纯美的本质”，另一方面“水没有洁癖，善于‘同流合污’”。这样的议论与描写，可谓抓住了“水”的本质和特征，而且自始至终贯注着天地道心，对“水”保持着一种感恩的态度和会心的微笑。平心而论，过去的散文中写水的篇章并不少，但像王兆胜这样把“水”写得如此生动可触，摇曳多姿，理趣互融，又带着作者的生命体温，透出一片宁静澄明之光的作品却并不多见。由此我认为，《水的感悟》是一篇从内容到谋篇结构到语言都可作中学教材的作品。

作品

“天人合一” 与生态学①

周国平

九十年代以来，国学好像又成了显学。而在国学热中，有一个概念赫然高悬，这便是“天人合一”。在一些人嘴里，它简直是新福音，用它可以解决当今人类所面临的几乎一切重大难题。其最旗帜鲜明者甚至断言，唯“天人合一”才能拯救人类，舍此别无出路。按照他们的解释，西方文化的要害在于天人相分乃至对立，由此导致人性异化和生态危机，殊不知完备的人性理论和生态哲学在中国古已有之，“天人合一”便是，它的威力足以引导人类重建内心的和外部的和谐。

我的印象是，“天人合一”原是一种儒家学说，把道家的“物我两忘”、禅宗的“见性成佛”硬塞入“天人合一”的模子里，未免牛头不对马嘴。即使儒家学说也不能归结为“天人合一”，“天人合一”仅是儒家在人与宇宙之关系问题上的一种较有代表性的观点。关于“天人合一”的含义，我认为张岱年先生在《中国哲学大纲》中的归纳最为准确，即一是滥觞于

① 选自《各自的朝圣路》（万卷出版公司2009年版）。周国平，生于1945年，上海人，中国当代著名学者，作家，著有散文集《守望的距离》等。

孟子、流布于宋儒的天人相通思想，二是董仲舒的天人相类思想。他认为，后者纯属牵强附会的无稽之谈；而前者主张人的心性与宇宙的本质相通，因而人借内省或良知即可知天道。这是基本上属于认识论的范畴，颇有些道理，我们自可对之做学理的探讨，却没有理由无限地扩大其涵义和夸大其价值。事实上，在西方哲学中也不乏类似的思想，例如柏拉图的回忆说，笛卡儿的天赋观念说，可是人家并没有从中寻找什么新福音，相反倒是挖掘出了西方文明危机的根源。

把“天人合一”解释成人与自然的和谐相处，又进一步解释成一种生态哲学，这已经成为国学新时髦。最近看到一本书，是美国科学家和学术活动家普里迈克写的《保护生物学概论》，译成中文洋洋五十多万字，对生态保护的一个重要方面即生物多样性保护的问题做了系统的研究和论述。我一面翻看这本书，一面想起某些国人欲靠“天人合一”解救世界生态危机的雄心，不禁感到啼笑皆非。

当然，学有专攻，我们不能要求研究中国哲学的学者精通生态学，但我们也许有权要求一切学者尊重科学，承认环境保护也是科学，而不要在一种望文生义的“天人合一”境界中飘飘然自我陶醉。

赏读

在本文中，周国平对中国文化中“天人合一”的概念进行了穷理究源的探求，充分展现了一个人文社会科学领域知识分子的科学精神和理性态度。

在一次访谈中，他提出中国哲学史上的“天人合一”有两个含义，一个是“天人相通”，这是孟子的观点，也就是他所说的“万物皆备于我”，指的是人的心灵和理性与自然是沟通的，人凭借自己内心的醒悟就可以了解这个世界的本质，天人相通。另一个观点是董仲舒的，即“天人相类”，天和人相类似，人间的秩序和宇宙的秩序是相互对应的。“天人合一”的概念，在哲学上来讲，就是想证明人间的伦理秩序是有天作为根据的，古代的“天人合一”思想是在为他们所提倡的伦理秩序做神学的辩护，用宇宙的秩序来辩护人间的伦理秩序，这和人与自然的关系是没有太大关系的。

关键是，这种哲学思想的原义被误解后，就被人们认为人与自然的和谐统一的思想、生态保护的思想、环境保护的思想是中国古代的优秀传统，都要向我们来学习，这是一个非常大的结论了，这样一来容易让人觉得我们自己的传统思想就已经为我们的环保事业奠定了理论基础，不需要向西方学习更为先进和科学的环保思想了，我觉得这是一个误区。

当然在人与自然的关系方面，中国哲学也确实提供了一些很有价值的思想，像老庄哲学的自然无为。在保护自然的问题上，东西方都有可资借鉴的思想资料。而严格意义上的生态科学、环境保护意识以及可持续发展的观念，应该是西方文化发展到一定阶段的产物。事实上，凡是到过欧美的人都亲眼看见，人家的环保总体水平远远高于我们。在这一点上，我们应当诚实和虚心一些，把环保当作一门科学来对待，不要在似是而非的审美境界中自我陶醉。

在对中国传统文化进行理性反思的同时，周国平对人与自然的关系也有深入解读，在他的另一部作品《怀念土地》一文中，周国平这样写道：

现在，我们与土地的接触愈来愈少了。砖、水泥、钢铁、塑料和各种新型建筑材料把我们包围了起来。我们把自己关在宿舍或办公室的四壁之内。走在街上，我们同样被房屋、商店、建筑物和水泥路面包围着。我们总是活得那样匆忙，顾不上看看天空和土地。我们总是生活在眼前，忘掉了永恒和无限。我们已经不再懂得土地的痛苦和渴望，不再能欣赏土地的悲壮和美丽。

这熟悉的家、街道、城市，这熙熙攘攘的人群，有时候我会突然感到多么陌生，多么不真实。我思念被这一切覆盖着的永恒的土地，思念一切生命的原始的家乡。

精神的健康成长离不开土地和天空，土地贡献了来源和质料，天空则指示了目标和形式。比较起来，土地应该是第一位的。人来自泥土而归于泥土，其实也是土地上的作物。土地是家，天空只是辽远的风景。我甚至相信，古往今来哲人们对天空的沉思，那所谓形而上的关切，也只有在向土地的回归之中，在一种万物一体的亲密感之中，方能获得不言的解决。

一棵植物必须在土里扎下根，才能健康地生长。人也是这样，只是在外表上不像植物那么明显，所以很容易被我们忽视。远离土地必定会付出可怕的代价，倘若这种对大自然的麻木不仁延续下去，人类就不可避免地要发生精神上的退化。在电视机前长大的新一代人，当然读不进荷马和莎士比亚。始终在人造产品的包围下生活，人们便不再懂得欣赏神和半神的创造，这有什么奇怪呢？

人类的聪明在于驯服自然，在广袤的自然世界中为自己开辟出一个令自己惬意的人造世界。可是，如果因此而沉溺在这个人造世界里，与广袤的自然世界断了联系，就真是聪明反被聪明误了。自然的疆域无限，终身自拘于狭小人工范围的生活毕竟是可怜的。

创造城市，在大地上演绎五彩缤纷的人间故事，证明了人的聪明。可是，倘若人用自己的作品把自己与上帝的作品隔离开来，那就是愚昧。倘若人用自己的作品排挤和毁坏掉上帝的作品，那就是亵渎。

人，栖居在大地上，来自泥土，也归于泥土，大地是人的永恒家园。如果有一种装置把人与大地隔绝开来，切断了人的来路和归宿，这样的装置无论多么奢华，算是什么家园呢？

一位现代生态学家说：人类是作为绿色植物的客人生活在地球上的。若把这个说法加以扩展，我们便可以说，人是地球的客人。作为客人，我们在享受主人的款待时倒也不必羞愧，但同时我们应当懂得尊重和感谢主人。做一个有教养的客人，这可能是人对待自然的最恰当的态度吧。

话题探究

1. 在《环保文章三篇》中，王力雄提出“即使人类全都真诚地、言行一致地保护环境，环境问题是否就能够真正地解决？”面对这一严峻的问题，他做出了否定的回答，你是否同意他的见解？并请阐明你的理由。

2. 经历了三十多年的奋斗历程，美国环境保护主义者和环境保护主义运动将何去何从？结合《雨雪霏霏看杨柳——世纪之交的美国环境保护主义》一文，谈谈你的看法。

3. “在全世界都喝着可乐看着好莱坞影片时，每个人都成了一个模子里刻出来的样子”，请结合自己的生活经验，谈谈你对《地球上最后一个人——冷视反全球化运动》中这句话所表达的对文化现象的思考。

4. “归根结底，生命是水给的，水中包有天地之道心”，请结合《水的感悟》全文谈谈“水”带给作者哪些方面的感悟？

5. 按照周国平的观点，“天人合一”的观念并不能解救世界性的生态危机，那么，人类应该如何重建一种与自然的和谐关系？